青春期关键问题解决手册

解决手册

许标 著

人民邮电出版社

北京

图书在版编目（CIP）数据

青春期关键问题解决手册 / 许标著. -- 北京：人
民邮电出版社，2023.4
ISBN 978-7-115-61308-0

Ⅰ．①青… Ⅱ．①许… Ⅲ．①青春期－家庭教育－手
册 Ⅳ．①G782-62

中国国家版本馆CIP数据核字（2023）第035882号

◆ 著 许 标
责任编辑 刘 阳
责任印制 周昇亮

◆ 人民邮电出版社出版发行 北京市丰台区成寿寺路 11 号
邮编 100164 电子邮件 315@ptpress.com.cn
网址 https://www.ptpress.com.cn
天津千鹤文化传播有限公司印刷

◆ 开本：880×1230 1/32
印张：7 2023 年 4 月第 1 版
字数：180 千字 2025 年 4 月天津第 3 次印刷

定 价：59.80 元

读者服务热线：（010）67630125 印装质量热线：（010）81055316
反盗版热线：（010）81055315

| 推荐序 |

发展心理学认为个体一生中有两次叛逆期,第一次是幼儿期,那是孩子想要拥有自主感的尝试;第二次就是青春期,孩子渴望建立自我身份认同。从心理健康的角度来讲,青春期是一个人心理发展的至关重要时期,个体在青春期有着更加独特的自我体验,也有着更多的内部冲突,这也是为什么很多父母在孩子青春期时,突然发现"管"不住孩子了,甚至无法与其沟通了。显然,孩子不是用来管的,一切良好教育的前提都是尊重和理解,而会理解这一年龄阶段的孩子,对于习惯了靠规矩约束孩子的父母而言,是一个很大的挑战。

理解意味着设身处地,意味着站在对方的位置上感受情绪。由于成人和孩童在心理上存在差别,父母给予孩子的理解以及对孩子好的方式,常常是错位而鲁莽的,甚至令孩子感到厌恶,这种厌恶导致孩子更加封闭自己的内心,做出各种对抗的姿态,也让父母在理解这件事上更加无从下手。这意味着,父母需要学习孩子的"语言",需要透过孩子的叛逆行为,看到被他们隐藏在心底的情感需要,整个过程是一种带着觉知的情感投入。

许标老师有着非常丰富的处理处于青春期的孩子问题的工作经验，他将以专业的态度，平实易懂的文字，帮读者解码孩子内心的语言，让父母在倾听和理解孩子这件事上做得更好。也正是在这一前提下，书本后面章节给出的方法论，才有了实践的可行性，有了情感纽带基础。正如许标老师所言，在教育孩子这件事上，我们无法刻舟求剑，无法照搬一套客观的原则，只有在以家庭为系统，以尊重我们自己和孩子的关系的独特性的前提下，我们才得以开展言传和身教。

崔庆龙
二级心理咨询师、IAPSP（国际精神分析自体心理学学协会）会员、
心理咨询独立执业者

我在从事心理咨询工作的过程中，接触过上千个青春期孩子。上千个孩子，背后是上千个家庭。

我见过太多父母在面对孩子的种种问题时，无怨无悔地付出，从来没有放弃，而孩子却无动于衷、不知悔改。我接触过母亲跪在大街上求孩子回家，孩子却冷漠地甩开母亲，继续和朋友出去玩的案例；接触过辍学在家，对父母拳打脚踢，威胁要砸别人家的汽车，只为要钱上网的孩子；接触过外形比较成熟，不上学，混迹于酒吧的12岁儿童；接触过一些结交不良少年，在出去玩时被所谓的"朋友"骗色，却不听父母的劝阻，执意和"朋友"来往的花季女孩……

或许由于工作中接触的青春期孩子比较多，网上关于青少年的新闻很容易引起我的注意。这些年，我经常看到一些触目惊心的新闻，比如十几岁的孩子打群架导致有人受到严重伤害，校园中发生恶性霸凌事件等。

大多数人在看到这样的新闻时，可能只是感慨一下：现在的孩子，怎么变得这么无法无天？但在工作中，当我真实地接触着类似的孩子、深入了解他们、与他们相处时，我无法再简单地抱着指责的态度，而是开始思考：如何才能更好地帮助他们，使他们重回正轨？如何帮助更多的父母改善教育效果，避免他们自己的孩子出现严重的问题行为？

青春期孩子之所以难以教育，原因不仅仅在于青春期本身是一个特殊的成长阶段，还在于很多父母未曾注意到，自己在孩子青春期前的家庭教育是不妥当的，这已经为问题的爆发埋下了隐患。

烂在表面的苹果，人们能够一眼看到，人们可以及早把烂的部分切掉，防止其进一步变坏；而烂在里面的苹果，表面看起来很好，人们若不去管它，腐烂终将扩散到表面——你以为它只是烂了一点，可切开一看发现，整个苹果都已经烂透了。因此，当青春期孩子表现出一些看得见的问题，比如不学习、容易发脾气、沉迷手机等时，往往意味着问题已经很严重了，此时改变难度也比较大。

很多父母感到困惑：自己在青春期时，父母没有讲究什么教育方法，自己也没出什么问题。现在的孩子，怎么就需要父母关注那么多，有那么多的问题呢？

时代不同了，现在的孩子与父母那一辈有着太多不同。以前的父母大多谈不上讲究教育方法，能够养活孩子，让孩子吃饱穿暖已经很不容易了。而现在，孩子当物质需求基本得到满足时，便会追求更高层次的心理需求的满足，比如自尊、价值感、爱等——这是人的基本心理发展规律。这种变化也对父母的教育提出了更高要求。

父母那一辈人，在温饱线上挣扎，心理需求不强烈。对于父辈而言，来自他们父母的打骂可能不会让他们产生太大的心理阴影；可如今，父母的打骂却可能对孩子造成难以磨灭的心理伤害。同样是被父母打骂，两代人受影响的程度却不同，这不能证明现在的孩子太娇气。这就好比以前的人有个馒头吃便感到满足，而现代人要吃好、吃海鲜一样。俗话说"人往高处走"，追求更高层次的满足是人的本能。对孩子而言也一样，父母不应用自己接受过的教育方式来要求孩子，而应适应孩子，进行引导教育。

时代的发展对父母提出了更高的要求，若想让青春期孩子健康成长，父母需要学习有效的家庭教育方式。很多父母为孩子付出了很多，他们愿意学习家庭教育相关知识，但是他们看了很多书、学了很多课程，还是"知道做不到"。我写这本书的目的，便是提炼我的家庭教育工作经验，为父母提供实用的家庭教育方法，帮助父母真正改善家庭教育效果。此外，青春期也是孩子人生中的一个重要转折点，很大程度上决定了孩子日后会成为一个什么样的大人：是否能进入好的大学，是否能成为心理健康、独立的人，是否能学会建立正向的人际关系，等等。所以父母一定要重视孩子在这一阶段的教育问题，让青春期成为孩子的黄金成长期。

本书分为三个部分：第一部分，帮助父母理解孩子青春期的变化；第二部分，帮助父母改善青春期的亲子关系；第三部分，帮助父母应对孩子青春期常见的问题。我猜买书的各位父母想直接跳到第三部分，看看怎么解决孩子的问题，但不得不说，从我辅导过上千个青春期孩子的经验来看，试图照搬其他人的方法无异于刻舟求剑。父母只有更深入地理解孩子，建立或重建良好的亲子关系，教育方法才会起效。磨刀不误砍柴工，当父母看完本书第一、第二部分，掌握了建立良好亲子关系的原理与方法时，再来实践第三部分的方法，相信将有事半功倍的效果。

三次电话辅导，改变不给手机就绝食的青春期孩子

　　我曾经接到一位母亲打来的咨询电话。这位母亲在联系我的时候十分着急，对孩子总是要手机的情况感到不知所措。我通过三次电话沟通，辅导了这位母亲应如何应对，帮助她解决了孩子的问题。

　　据这位母亲说，自己的儿子今年上初二，平时很听话，学习成绩中上，学习很努力也比较自觉，用手机已经两年多了，平时只是听听歌。但是当她听到有些家长、老师说一些孩子在有了手机后整天沉迷其中，导致学习成绩下降、厌学时，她开始担心自己的孩子也出现这样的情况，便在没有征得孩子同意的情况下没收了孩子的手机。

　　结果就是，孩子对母亲没收手机的行为非常不满，要求她必须归还手机，并开始不好好写作业，成绩退步得很快，从以前的年级前30名跌落到年级100多名。当父母生气地质问孩子时，孩子不仅不觉得自己的表现有问题，还理直气壮地要求父母归还手机。父亲看孩子如此不知悔改，一气之下打了孩子，孩子负气跑

到亲戚家一夜未归。此后，孩子与父母的关系一直很僵。在这位母亲找我咨询时，孩子已经把自己关在房间里两天没出来了，他不和父母交流，也不吃东西。

针对这个情况，我建议母亲通过书信和孩子交流。

首先，母亲要在信中认错——承认自己未经孩子同意就没收手机的做法是错误的。

孩子使用手机已有两年多，没有出现沉迷手机、影响学习的情况。母亲也说，她知道孩子用手机一般都是听歌，她只是因为听说其他孩子沉迷手机影响了学习就没收了自己孩子的手机，做得确实不对。青春期的孩子特别重视自己的自由支配权。在孩子眼里，手机是自己的，父母没有经过他的同意就没收手机，是对自己权利的严重侵犯。这也导致孩子产生了强烈的反抗心理，誓要争取自己的自由支配权。此时，手机对孩子来说已不再仅仅是手机，问题已经上升到侵犯自由层面。

其次，母亲应对孩子进行肯定，这是讲究方法的。

据说，孩子都有一个共同的敌人，就是"别人家的孩子"。一些父母总是表扬别人家的孩子，想以此激励自己的孩子上进，但实际上有可能事与愿违。

我给这位母亲的建议是：肯定孩子以前能够控制使用手机时间的行为，肯定孩子能够自觉学习的表现，并表示这比很多同龄孩子做得要好；肯定孩子哪怕在与父母吵架、离家出走时，也只是到亲戚家，并让父母知道他在哪里的行为，他没有让父母整夜担心，而且第二天就会回家，不像有的孩子离家出走好几天，让父母找不到、担心不已。父母要注意强调孩子在这些方面的表现比很多同龄人要好，让孩子更有动力维持这些好的行为，改掉不好的行为习惯。

最后，母亲应表达自己相信孩子在拿回手机后，仍然能够控制对手机的使用。

青春期的孩子心智还不够成熟，容易情绪化，孩子有可能在拿回手机后报复性地使用手机。为了避免这种情况的出现，父母可以用"信任"对孩子进行正向引导。

父母的信任对青春期孩子而言是一种极大的激励，能够有效地促使孩子进行自我管理。孩子会觉得父母把自己当作成年人，并相信自己能够管好自己。上述案例中的母亲在电话中称，在事情发生后，孩子说过"你不信任我"，这表明孩子对母亲的不满之处不只在于母亲没收了自己的手机。

在做电话辅导时，我建议这位母亲，写完信后，将信从孩子的房门下递进去。

青春期的孩子有着强烈的自尊心，很"好面子"。当时，这个孩子已经在与父母赌气，如果让孩子主动让步他会觉得"很没面子"，此时，父母需要给孩子一个"台阶"下。孩子内心可能也很想和父母交流，只是碍于面子才故作"高冷"。若母亲把信从门底递进去，孩子在自己的房间看信，那么他的任何情绪状态都不会被父母看到，也就不会觉得"没面子"，这样做可以巧妙地保护孩子的自尊。

当晚，这位母亲第二次给我打来电话，说孩子递出来一张纸条，上面写着"我已经两天没有吃东西了"。短短的一句话传达出很多信息：孩子很饿，但碍于面子一直和父母赌气，强撑着不出房门；在看到母亲的信后，孩子顺阶而下，但还是想给自己留点"面子"，他没有直接出来吃东西，而是写了这张纸条。

第二天中午，这位母亲第三次打来电话说，孩子还是没有出房门。我建议这位母亲再写一封信，说明她每顿都给孩子留了饭及饭被放在什么地方，孩子可以自己去吃 —— 这样既可以让孩子知道父母对他的关心，也明确表明了父母不会继续纵容他的不合理行为（前一晚母亲把食物送到房门前，孩子吃完了），以让孩子自己出门吃饭。同时母亲在信中告诉孩子，如果他有需要，随时可以来找父母，父母会为他提供支持。这样做既给了孩子自由选择的权利，也让孩子感受到了父母的关爱。

当天下午，这位母亲对我表达了感谢，说孩子已经出房门了，主动要求去学校，还埋怨母亲没有早上叫醒他，说他这两天一直在房内写作业，也在反思自己做得不对的地方。

我辅导过很多孩子，如果在这些孩子的问题行为出现时，他们的父母也能像这位母亲一样，放下"高高在上"的教育姿态，去做真正有利于孩子改变的事情，孩子的问题便不会日益严重。很多时候，正是因为父母在发现孩子问题行为的苗头时，保持批评与指责而不是改善问题的态度，才将孩子推向了问题的深渊。

青春期的孩子自身存在很多矛盾的特点，这也非常考验父母的灵活性。在这一案例中，孩子以绝食表达强烈的对抗态度，但我们不能因此认为这个孩子很叛逆、偏执，我们要看到在母亲没收孩子的手机之前，孩子一直有着不错的表现。母亲愿意按照我的建议去做，放下自己所谓的"面子"，给孩子一个台阶下，也从侧面反映在这个家庭中，父母平时也是比较尊重孩子的，亲子关系质量较高，家庭中的情绪化命令、要求较少。由此可见，只有将家庭教育的基础打好，我的建议才能够快速生效。

我辅导过上千个家庭，常遇到相似的问题，我也会对父母提出相似的建议，这些建议对有些家庭有用，对有些家庭则无用。经过深入了解，我发现父母的情绪控制能力、与孩子的沟通方式、亲子关系质量等家庭教育的基础十分重要。父母必须花时间先修复这些基础，才能有效运用相关教育方法。

|目录|

I

理解孩子青春期的变化

第一章

我的心思，你不懂

青春期等于叛逆期？ 这个"锅"青春期不背

青春期大致覆盖孩子的整个中学阶段。男孩的青春期一般从 13 岁左右开始，女孩进入青春期的时间比男孩早，大概从 11 岁开始。现在的孩子呈现"早熟"迹象，进入青春期的时间有所提前：女孩可能 9 ~ 10 岁进入青春期，男孩 11 ~ 12 岁进入青春期。之所以很多父母发现孩子从小学四五年级起便开始变得叛逆、难以管教了，就是因为孩子们的青春期提前了。

父母容易感到青春期的孩子发生了很多变化，其中特别明显的一点是，孩子不再像以前那样听话了。这种"不听话"被父母理解为"青春期叛逆"，但用"叛逆"一词来形容青春期的孩子其实并不合适。这是因为父母是按照自己的标准来评价孩子的，当孩子不按照自己的标准行事时，他们便认为孩子叛逆。孩子在进入青春期后，自我意识开始增强，会产生自己的想法，他们不再完全听从父母的管教，这是必然和正常的成长表现。我经常对家长说，如果孩子进入青春期还很"听话"，才是真的有问题。

青春期是童年到成年的过渡期。这一阶段的孩子，身体逐渐发育到成年人水平，这会让他们觉得自己长大了，希望父母能平等地对待他们；心理上，他们从童年的依赖父母到开始发展独立意识，但他们又没有完全独立，处于半独立半依赖的状态。如果孩子在青春期还事事都听父母的，那他们在心理上将永远也长不大。

为什么现在会有那么多"啃老族"？为什么我们有时会看到几十岁的人遇到事情还总是要问父母，需要父母帮忙做决定？很重要的原因便在于他们在应该学会独立的青春期没有完成这一阶段的心理发展任务。他们只是在年龄上长大了，但心理上仍停留在依赖父母的童年阶段——没有经历过"青春期叛逆"，也就没有真正长大。

你希望自己的孩子将来也这样吗？

当感到孩子不再像以前那样"听话"时，父母切勿将这当作孩子变坏的信号，救火般着急地想让孩子变得"听话"，而是要意识到这是孩子在成长。对于这个阶段的孩子，父母要做的是改变自己现有的教育方式，陪伴他们成长。"父母说，孩子听"的教育方式已"过期"，与孩子像朋友般平等相处才是更好、更合适的选择。

可是，很多父母不知道应该怎么和青春期的孩子像朋友般平等相处，只是觉得孩子处处和自己做对，怎么说都说不听，自己怎么做都没用。要想真正走近青春期的孩子，与他们建立良好关系，就需要父母了解为什么孩子在进入青春期后会出现这些变化。

人在一生的大部分时间里，身心发展都比较平缓、平衡，但青春期是个特殊的成长时期，它是个体身心发展的加速期和过渡期。个体的身体发育得非常迅速，在青春期，个体身体的方方面面会在 2 ～ 3 年达到成熟；与之相反，个体心理的各个方面虽然也在发展，但发展速度相对缓慢。正是因为这种身心发展的不平衡，才导致青春期的孩子呈现半成熟半幼稚的特点：他们在身体外形上是个成年人，并总想把自己当成"大人"，但他们的心智水平不够成熟。

也正因如此，父母对这一阶段孩子的教育才更需要高度灵活：身为父母，你不能指望用过去的方法，比如奖励、命令、惩罚等来控制孩子，而是需要在教育方式不起效时及时进行调整。若说教没用，父母坚持反复说教只会让孩子感到厌烦，激化亲子矛盾；明明禁止孩子出门、没收手机等方式不能解决问题，但有的父母坚持这么做……

要想做好青春期孩子的教育工作，父母需要采取新的方式与孩子相处。本书第二、第三部分会为父母提供与孩子灵活相处的建议，下面我们先看看孩子在进入青春期后为什么会出现这么多变化。在理解孩子变化的原因后，父母就能够心中有数，在运用后文提供的方法时，也就更有针对性。

身体发育，被遗忘的青春期叛逆原因

进入青春期后，孩子的身高、体重迅速发育，很多孩子看起来甚至比父母还高大。青春期前，孩子一直在"仰视"父母，现在能够"平视"甚至"俯视"父母。这种身高变化带来的视角变化，会潜移默化地使孩子产生态度上的改变：父母在孩子心中不再高大，影响力下降，同时孩子会产生一种"成人感"，他们觉得自己已经是成年人，可以和父母平等相处了。

当孩子开始期望父母用对待成年人的态度对待自己时，如果父母意识不到孩子的变化，青春期孩子的"成人感"需求在父母处没得到满足，孩子将很可能通过和父母"对着干"来争取自己的地位——"我就是不听，你也不能把我怎样"。这样一来，父母与孩子的关系就会演变成"权力斗争"：父母试图用说教、批评甚至打骂的方式让孩子顺从；孩子可能用沉默、与父母对峙甚至大打出手、离家出走等方式对抗。

> 当不良行为的目标是争夺权力时，青少年就会企图通过支配、控制父母及同伴等行为确立他们在群体中的地位，即通过拒绝服从和破坏规则来证明他们的控制力和权力……如果父母回应权力斗争的方式是施加更多的控制或用权威强迫青少年服从，将导致青少年更加相信权力的价值。如果父母的愤怒超出厌烦和不满的界限，并有了被挑战和被激怒的感觉，那么青少年"获得权力"的目标便很可能实现了。
>
> **引自《危机中的青少年》，有修改。**

从大脑发育的层面来看，个体在进入青春期后，其主管情绪的边缘系统发育迅速。这个系统像婴儿的皮肤一样敏感：成人不会感到疼痛，但是婴儿可能痛得大哭。同理，青春期孩子的边缘系统更为敏感，因此他们也比成年人更容易情绪化。

如果把情绪比作油门，把控制情绪比作刹车系统，那么青春期孩子容易情绪化，除了有油门踩得太重的原因，还有刹车系统不灵敏的原因——个体控制情绪的大脑前额叶发育缓慢，它在个体 25 岁左右时才会发育成熟。

青春期大脑发育的不平衡，也会加剧青春期孩子与父母间的冲突，让父母感觉孩子很叛逆。

心理矛盾：青春期的捉摸不透

反抗和依赖

身体发育带来的"成人感"，促使青春期孩子要求与父母平等相处，要求更大程度的自由，一切都按自己的想法去做。如果这些要求得不到父母的尊重和理解，他们就会感到压抑，从而在言行上反抗父母。

在有着"成人感"的同时，青春期的孩子内心并没有完全摆脱对父母的依赖，只是依赖的方式有所变化，从在生活上的依赖转为希望获得父母情感上的理解、支持。

理解了青春期孩子对父母的这种既反抗又依赖的矛盾心理之后，父母便更容易明白为什么孩子有时不希望被管束，嫌父母啰嗦、唠叨，有时又责怪父母没有帮他、不关心他。

封闭和开放

父母可能感觉，孩子以前还和自己有说有笑，在进入青春期之后就不太愿意和自己聊天了。青春期孩子的心事变多，他们不再像之前那样对父母敞开心扉，而是更愿意写日记或在社交媒体上发言。

同时，他们又感到非常孤独，渴望结交朋友，希望有人理解自己。他们不断地寻找被理解的感觉，一旦遇到有一点点共同语言的同龄人，就容易将其视为知心朋友，对其毫无保留。

封闭心理的背后，是孩子对独立和隐私的需求。这个阶段的孩子特别反感父母随意进出自己的房间，翻自己的东西，查看自己的手机或电脑。孩子有封闭心理，同时也强烈希望父母可以理解自己。

勇敢和胆怯

青春期的孩子有时表现得很勇敢，但这种勇敢常常带有鲁莽和冒失，给人一种"初生牛犊不怕虎"的感觉。这个阶段的孩子特别反感别人说自己胆小，很容易被人用"你不敢××"之类的话刺激，从而不计后果地去做一些事。

但在另一些情况下，青春期孩子又常常表现得比较胆怯，比如他们会在人多的场合紧张，需要父母陪在身边；平时"天不怕，地不怕"的他们却在做某些事情时畏首畏尾，担心别人做出不好的评价。

自负和自卑

在这一时期，你会发现孩子的心态很不稳定，他们有时表现出让父母难以接受的自负，取得一点儿成就便感到自己无所不能；在遇到挫折、失败时，又容易觉得自己一无是处，跌入自卑的深渊。

青春期孩子对批评非常敏感。自负和自卑看似矛盾，实际都反映孩子希望得到肯定的心理。理解了这一点，父母也就容易理解为什么在指出孩子的问题时，孩子不仅不虚心接受，还经常"唱反调"，以及为什么孩子有时豪情万丈，有时情绪又跌到谷底，状态反复无常。

否定童年和留恋童年

青春期孩子的"成人感"在增强，他们喜欢尽可能表现得像个成年人。不管是在兴趣爱好，还是穿着打扮等其他方面，他们都刻意否定"孩子气"的表现，与童年的自己划清界限，处处彰显自己已经成年。这就是为什么父母会感到孩子原来明明很喜欢做某些事情，在进入青春期后却突然变得不喜欢甚至讨厌它们。

在否定童年的同时，孩子内心又有对童年的留恋。他们留恋童年的无忧无虑、简单快乐，尤其是当他们在生活和学习中遇到困难时，他们特别希望能像小时候一样得到父母的照顾，让父母为自己遮风挡雨，解决所有问题。

这种既否定童年又留恋童年的矛盾心理，很考验父母与青春期孩子相处的艺术。父母关心多了，孩子会觉得父母仍然把他当孩子，从而排斥他们的关心；父母关心少了，孩子又会怪父母对自己不够关心。

你怎么会懂我？理解孩子青春期的思维特点

创造性与批判性

处于青春期的孩子思维活跃。一方面，他们想证明和展示自己的能力，摆脱对父母的依赖，摆脱过去那种"被动接受"的学习形式，他们在各个方面都表现出强烈的创造欲和热情。孩子的创造性在生活中表现为不愿意守规矩，不愿听从父母的建议，总想自己尝试做一些事情。另一方面，他们的批判性思维大大增强，不愿意轻易接受别人的意见，有时甚至反应过激，比如抓住父母话语间的漏洞进行反驳。如果父母教育孩子，"只有好好学习，考上好大学，将来才会过上更体面的生活"，孩子可能反驳，"有的人没上大学也生活得很好"。

孩子总想凸显自己的与众不同，他们在面对父母时喜欢表达不同的想法。有时，他们即使心里接受了父母的观点，表面上也装作反对或者满不在乎。

片面性与表面性

青春期孩子思维的创造性和批判性，可能让父母感到他们很有自己的想法，毕竟讲起道理时他们是那样的滔滔不绝。可是如果父母真把孩子当作思想成熟的成年人，又会发现他们不成熟的一面——偏激、极端、思维片面。除此之外，这一阶段孩子的思维还具有表面性，他们看待问题不够深入。

思维的片面性与表面性导致青春期的孩子容易钻牛角尖，

固执己见，对于一些在别人看来明显不合理、不正确的看法或做法，他们仍然会坚持。因此，当孩子表现出固执的一面时，父母要意识到这种片面性和表面性是青春期思维所固有的特点，不要将其视为孩子在故意作对。

自我中心性

青春期的孩子常在心理上制造出假想的观众，他们觉得自己每天都像舞台剧的主角一样被人关注着。他们重视别人对自己的评价，会花很多时间和精力来迎合这些假想的观众。可能衣服上有个小污点就会令他们感到不安，觉得会破坏自己的美好形象。

青春期孩子还存在"虚构自己"的心理，认为自己"与众不同"。他们常常夸大自己的情绪感受，认为自己的感受独一无二，"你怎么会懂我的感受"这句话，相信各位父母并不陌生。

不论是构造"假想的观众"还是"独特的自己"，都体现了青春期孩子高度以自我为中心的特点。但父母千万不要认为孩子的以自我为中心是自私、不顾他人感受的表现。

采纳他人看法的能力是通过一系列的步骤才得到

的。当十几岁的孩子能够猜出别人的想法是什么的时候，他们刚刚站在获得这种能力的门槛上。在这种情况下，当别人因为处境差异产生了与自己不一样的想法和感受时，他们将很难理解。

引自《青少年的家庭治疗：打破对抗与控制的循环怪圈》，有修改。

站在别人的角度看问题是一种思维能力，青春期孩子在这方面的能力有待提高。对于孩子这种因以自我为中心而产生的夸张行为，父母不要过于严苛，要意识到这是孩子青春期的成长特点。

"义气江湖"：为何他们重视朋友胜过父母

在孩子进入青春期后，父母常感到孩子对朋友关系的重视程度，相比小学时期显著增强。当和朋友约好做什么事情或承诺去做什么事情时，如果做不到，孩子可能很生气、失望，特别是当父母让孩子违背与朋友的约定或承诺时，孩子将更加抗拒。比如约好了和朋友一起出去玩，结果父母强迫孩子在家写作业或者和自己一起去亲戚家做客。在这些场景下孩子和父母之间的对抗可能非常激烈。父母常常不理解：约好的事情改个时间再做就好了，何必如此"小题大做"？

对孩子来说，他们若做不到与朋友约好的事情，将会给朋友留下不好的印象，存在失去朋友的风险。如果缺少同龄人的接纳，人际关系出现问题，青春期的孩子可能感觉自己已不被整个世界接纳。父母可能觉得这么说过于夸张了，可我们不能以成年人的视角来看待这个问题。因为人在不同年龄的主要心理需求是不同的。

对于成年人来说世界的重心是什么？是适应家庭之外的社会。在青春期之前，孩子人际关系的核心一直是亲子关系，孩子已经习惯依靠父母来适应世界。但孩子在长大成人后必然是要离开家、离开父母、走向社会的，因此他们必然要发展社交能力。青春期孩子变得更重视同伴关系，是在为今后更好地适应社会做准备。

有时，一些青春期孩子会出于"朋友义气"而违法犯罪，或者宁愿离家出走，也要和不良朋友保持关系，这些是其重视同伴关系的负面例子。这些负面例子也反向提示父母帮助青春期孩子建立同伴圈子的重要性，提醒父母要帮助孩子结交良友，引导孩子健康成长。

第二章

青春期对了，人生就对了

黄金成长期

父母对孩子大的期望通常有二，一是考上好大学，找份好工作；二是工作稳定后，找个好的另一半组建家庭，婚姻幸福。研究表明，父母关心的这两件人生大事与他们同孩子在其进入青春期后建立的亲子关系有关。

一项研究表明，孩子在青春期早期与父母相处时的满足感，与孩子成年后的受教育程度和婚姻满意度正相关。通俗些讲，就是在孩子进入青春期后，如果父母与孩子建立了良好的亲子关系，孩子将更能取得并保持良好的学习成绩，更有可能考上好大学进一步深造，而且他们在结婚后，也更能维持良好的婚姻关系。

尽管正相关说明的只是一种趋势，也就是说尽管父母与孩子建立良好的亲子关系不代表孩子就一定能考上好大学、婚姻幸福，但它至少说明父母重视良好亲子关系的建立，对孩子考上好大学和维持幸福婚姻是大有帮助的。

这里我想再强调一下青春期良好的亲子关系对孩子成年后婚姻质量的积极影响。婚姻幸福的重要性，相信父母一定深有体会。婚姻就像"心理氧气"，父母每天都在呼吸着这种氧气。若婚姻不幸福，人就相当于呼吸着浑浊的氧气，会感到很难受。

婚姻不幸福不只影响夫妻双方，还将影响下一代。同一项研究表明，父母与青春期孩子的关系质量会影响孩子自己为人父母之后的行为，决定其是否会对自己的孩子采取良性教育方式。

也就是说，父母与青春期孩子之间良好的亲子关系，将促使孩子学业有成，婚姻幸福，使孩子在成为父母后能够恰当有效地教育自己的孩子，与下一代建立良好的亲子关系，形成良性循环。

相反，如果父母与青春期的孩子没有建立良好的亲子关系，孩子的学业和成年后的婚姻质量将受到父母的影响；孩子在成为父母后，可能对自己的孩子继续采用不良的教育方式。这种代际间的不良影响形成恶性循环、代代相传，心理学家称这一现象为"家族问题的代际传递"。

青春期影响孩子的学业、长大成人后的事业、婚姻等人生大事，它是孩子的"黄金成长期"。在"黄金成长期"，孩子需要锻炼多方面的能力以应对成年后的人生。如果没有把握好这个"黄金成长期"，青春期也可能变成"黑铁成长期"，对孩子产生长期的负面影响。

第一章在介绍孩子青春期的变化时，提到了青春期的重要任务是锻炼独立能力，为今后适应社会做准备。毕竟校园环境比社会环境简单很多，孩子只需要完成规定的学习任务，应对相对简单的师生、同学关系即可，校园也因此常被比喻为"象牙塔"。但孩子在成年后终将进入社会，在工作生活的各个方面都会面临新变化、新任务——他们需要适应的人生，比学生时期复杂无数倍。孩子将面对的人际关系，如职场中的同事关系、上下级关系，生活中的朋友关系、恋人关系等，也远比学生时期的师生关系、同学关系复杂。

举些简单的例子，孩子在工作后遇到同事排挤时，是不是需要自己想办法，不能找父母帮忙？当租的房子有问题，房东突然不合理地要求孩子搬家时，他是不是需要自己处理？

孩子在学生时期不太接触的这些问题，都是他在进入社会后可能遇到的。如果孩子在青春期没有锻炼出独立能力，其在成年后很可能无法适应社会生活。

有些父母可能会说，让孩子先考上大学，独立能力可以上大学后再锻炼。但是请别忘了，孩子在升入大学后将住校，过上集体生活，他需要一定的独立能力才能应对这种他可能之前没有过的经历。除此之外，大学学习强调自主性，孩子需要独自安排学习计划。要知道，人际关系和学习方面的问题是大学生常见心理问题的诱因。很多大学生因为没有过集体生活的经历，在住校后与室友产生了矛盾，引发人际关系冲突和心理问题；还有很多大学生缺少独立学习能力，不知道该如何安排自己的学习，沉迷于手机、电脑。父母不能指望孩子完全靠自己锻炼独立能力，而是需要在孩子完全独立前协助孩子逐步锻炼独立能力。

社交能力也是"黄金成长期"应关注的重点，孩子在进入社会后离不开各种人际关系的支持。社交能力是一项十分复杂的能力，父母让孩子自己锻炼社交能力对孩子来说压力太大。

本书的第一章提到过，青春期的孩子重视同伴关系。因此，父母也需要重视孩子在青春期的同学关系，帮助孩子适应学校，不要只关注孩子的学习成绩。

如果孩子在青春期错过了对社交能力的锻炼，造成社交适应不良，那他在带着不够完善的社交能力进入成年人世界时，将积累更多的问题。研究证明，良好的社交是预防抑郁症的最有效因素，并对多种心理疾病的防治有着积极作用。

这点从生活常识层面来看也容易理解。成年后，人们面临各种工作、生活压力，需要多方面的支持，而人们常常对父母"报喜不报忧"，不愿让父母担心。此时，更能为我们提供支持的大多为同辈。如果孩子成年后缺少社交支持，他在面对各种压力时只能独立承受，身心自然容易出现问题。相反，如果孩子在青春期就发展出了不错的社交能力，今后将能更好地适应社会。

第一章提到，青春期身心发育的独特性导致孩子容易情绪化。在容易刮起"情绪风暴"的青春期，孩子是能够锻炼出调节情绪的能力，学会理智、冷静地处理问题，还是容易失去理智，被情绪淹没，将极大地影响孩子成年后为人处世的风格以及所能取得的人生成就的高度。

青春期身心迅速发展带来的多重变化对孩子而言是极大的冲击，孩子只靠自身努力难以应对这种强烈的变化，要想做好情绪管理，他们离不开父母的帮助。这个时候，如果父母缺位，没有协助孩子提高情绪调节能力，孩子就容易情绪化，也更容易在成年后的工作、生活等各个方面遇到困难。比如，工作中无法就事论事地处理问题，容易被卷入情绪风暴，易与同事发生矛盾，感情生活不顺利，容易和恋人、配偶发生矛盾，等等。

孩子在青春期发展的很多能力，都将为其成年后的人生奠定基础。这个基础是牢固结实还是薄弱松散，取决于父母的支持程度。可以说，父母的教育方式，决定了青春期是孩子的"黄金成长期"，还是"黑铁成长期"。

人生的十字路口

青春期是孩子思想的"洗牌"阶段，它是一个思想重塑的过程。在这一阶段，孩子的世界观、人生观、价值观都在经历重建。

在进入青春期前，孩子的行事标准是以父母、老师的话为代表的"成年人权威准则"，简单来说就是"听大人的话"。尽管他们也有不听话的时候，但至少在孩子心里，父母老师就像一台"指南针"，能够告诉自己正确的方向在哪里，自己即使不听他们的，也不会偏离目标太多。在进入青春期后，孩子要抛弃曾经的儿童身份，重建世界观、人生观、价值观，做自己人生方向的"指南针"。

可"指南针"的形成需要历练，也需要时间。

在青春期，有时孩子为了迅速成为大人，在新的"指南针"形成之前，便盲目地把父母的"指南针"扔掉了。他们就像行走在森林中的旅人，不愿沿着已有的旧路前行，想要自己开辟一条新路，从而很容易迷路。

为什么青春期是孩子厌学情绪爆发的高峰期？这主要是因为在进入青春期前，孩子基本上听从父母的要求而学习；在进入青春期后，孩子会思考自己为什么要学习。如果孩子没有找到自己认可的学习目的，觉得学习只是为了考试、排名、考大学，或者他们又发现即使是一些大学生也不容易找到工作，他们的学习主动性便会降低。可是如果不学习，他们又不知道自己应该做什么，从而陷入迷茫，失去方向和目标。

很多时候，孩子沉迷于玩手机、玩电脑，不仅是因为他们厌学、贪玩，还因为他们想用这样的方式逃避内心的空虚和迷茫——他们追求有意义、有价值的人生，不愿人云亦云，可是还没有找到属于自己的方向。

孩子在建立自己人生方向的指南针时，即使一时走偏，身为父母，你也无法以"对孩子好"为由强行将孩子带回正轨，因为即使孩子的想法不正确，他们也会固执地使用自己失灵的"指南针"，因为这是孩子自己建立的"指南针"。

当孩子正处于青春期这一人生的十字路口时，父母告诉孩子走哪个方向更好可能适得其反。如果父母带着教育好奇心，了解孩子是怎么想的，先跟随孩子的想法，再引导孩子，可能更有效。

教育好奇心

什么是"教育好奇心"？

就是带着好奇的心态，面对孩子的成长。

面对青春期这一特殊成长阶段，父母可以换一个角度，抛弃对"叛逆"的担心，不把青春期看成"洪水猛兽"，不用自己的期望捆绑孩子，而是怀着一颗好奇心，陪伴孩子成长。就像看待含苞待放的花骨朵一样，带着欣赏、好奇的心态，静待花开。

如果父母总基于自己的期望教育、要求孩子，那么孩子稍没有达到自己的期望，父母便容易感到失望，忽视了孩子的闪光点。

　　特别是在青春期，孩子存在打破条条框框、建立自己标准的倾向。如果父母带着期望，带着"标准"的眼光要求、教育孩子，必将遭到孩子的对抗；如果父母能够带着好奇心看待孩子的成长，以了解未知事物的心态了解孩子的成长，少用好或坏的标准判断、干涉孩子，会发现孩子更有可能朝着积极的方向成长。

　　举例来说，对于沉迷网络的孩子，父母如果能够带着好奇心，了解为什么一款游戏能如此吸引孩子，听孩子介绍游戏的魅力，也许会发现孩子被游戏吸引的原因，正视游戏的积极面，也可以寻找更合适的替代活动，激发孩子朝着积极的方向发展。我会在本书的第三部分更详细地介绍一些应对孩子沉迷网络的方法。

　　再比如"早恋"问题。青春期的孩子对异性感到好奇是正常现象，父母没必要大惊小怪。对待"早恋"，父母可以带着好奇心和孩子讨论他们喜欢什么样的异性、为什么喜欢，与孩子坦诚交流自己对他"审美"的看法，这样孩子对异性的好奇就不再是什么见不得人的秘密，而是能够与他人坦诚交流的事，他们对异性的好奇心和关注就会减少。同时，孩子对异性的看法也能得到完善，明白什么样的异性更值得喜欢，也不会再刻意追求"标新立异"。

教育的目的是希望孩子变得积极向上，如果父母只看到问题，将看不到孩子积极的一面。我在工作中接触过许多父母，被难以管教、存在各种问题行为的孩子折腾得筋疲力尽，在讲述孩子的情况时，他们一开口全是孩子的缺点，没有提到一丁点儿优点——孩子在父母眼中似乎"一无是处"。

青春期是孩子问题行为的高发期。我接触过太多有问题行为的孩子，非常清楚这些孩子是多么难相处、难教育，也非常理解他们的父母为什么会把他们看得一无是处。成长中的青春期孩子，与父母之间充满了看不见的"战争"，包括对自由支配权的争夺——他们极力争取更大的自由支配权，不想听从父母的意见。问题行为就是他们用来反抗父母的手段。越是父母禁止的事情，他们越要去做，父母的管教效果就越来越差。父母在面对孩子时，会感到越来越无力，看到的只有孩子的问题。在这种情况下，他们传递给孩子的将只有负面评价，这更加无益于孩子的改变。

父母通常都是明白事理的，但总是采取错误的努力来解决孩子的问题，这只能使得问题升级，激发问题不断发生，日复一日，形成恶性循环。为了适当地培养处于青春期的孩子，父母应努力理解孩子，既不要压制他们也不要高估他们。对孩子而言，好的父母既能了解他们的需要，又能及时对他们的需要做出反馈。正确的为人父母之道，本质上是与孩子构建正确的关系：一是建立在理解的基础之上，二是建立在接受、尊重、好奇和诚信的基础之上。

引自《青少年的家庭治疗：打破对抗与控制的循环怪圈》，有修改。

当青少年出现问题行为时，父母越是盯着他们的问题行为不放，想将其一举消灭，青少年在他们的眼里就越有"问题"，而这又会使青少年进一步感到被家长误解、隔绝，从而与家人的关系越来越糟糕、越来越疏远。当消除问题行为的努力一次次落空时，全家人就会感到无助、受挫。在这种家人和青少年之间彼此隔绝的疏远的家庭环境中，青少年的问题行为将增加并且往往变得越来越严重。同时，这种由与家人隔绝、疏远给青少年带来的孤独感又会激化问题行为，反过来进一步加剧他们的孤独感。导致青少年的问题行为持续滚动、扩大，形成恶性循环过程（见图 2-1）。

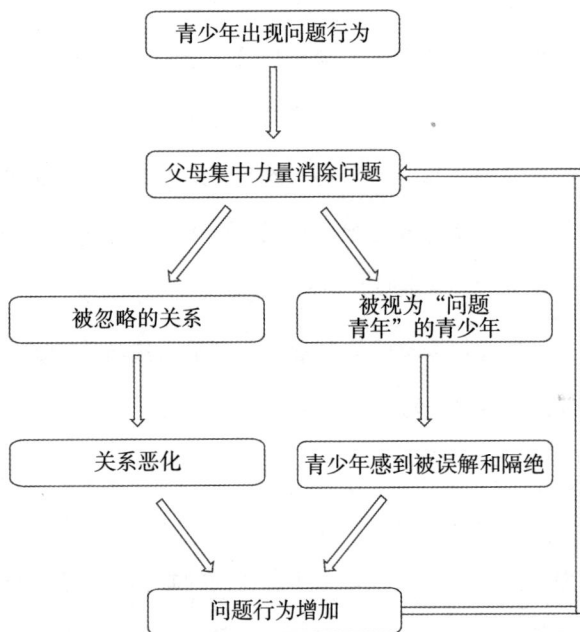

```
              ┌─────────────────┐
              │  青少年出现问题行为  │
              └─────────────────┘
                       │
                       ↓
              ┌─────────────────┐  ←──────────────┐
              │ 父母集中力量消除问题 │                 │
              └─────────────────┘                 │
                   ↙        ↘                     │
        ┌───────────┐    ┌──────────────┐          │
        │ 被忽略的关系 │    │  被视为"问题   │          │
        └───────────┘    │  青年"的青少年  │          │
              │          └──────────────┘          │
              ↓                  │                 │
        ┌───────────┐           ↓                  │
        │  关系恶化   │    ┌──────────────────┐       │
        └───────────┘    │ 青少年感到被误解和隔绝 │       │
              │          └──────────────────┘       │
              ↓                  ↙                  │
              ┌─────────────────┐  ──────────────────┘
              │    问题行为增加    │
              └─────────────────┘
```

图 2-1　恶性循环过程

我曾辅导过一个孩子，他的问题行为很严重，他在人际交往方面也存在很大的问题，也不善于调节自己的情绪。他有时和同学相处得很好，一起聊天、打球，有时突然不理人，拒他人于千里之外。他也知道自己有问题，但就是难以做出改变。这种"冰火两重天"的性格，让同学们很难适应，渐渐疏远了他。同学的疏远导致了他的不满，他觉得大家都在针对他。看到这里，我们可能会觉得这个孩子的问题很严重：情绪化、难以与人相处，还总把责任推到别人身上。

沙盘疗法是一种很适合青少年心理咨询、促进青少年产生改变的技术。上文提到的孩子所做的一次沙盘情况如下。

孩子在沙盘上摆出了呈现"好""坏"对立的两方，他自己站在"好"的一方，面向"坏"的一方。关于所摆的场景，他是这么解释的："好"的一方和"坏"的一方正在打架。我询问孩子"坏"的一方为什么要进攻，孩子说，"坏"的一方自己也不知道为什么要进攻。孩子将沙盘描述为"谈判后的和平"。

从沙盘中我们可以看到，孩子的内心很挣扎：一方面，他想成为积极力量；另一方面，又存在阻止他把事情做好的消极力量。正如孩子自己的解释，"坏"的一方自己也不知道为什么要进攻。他自己其实想表现出好的一面，他自己也不明白自己为什么会突然情绪化，不想理人，变得冷言冷语。看到孩子的内心，我们会知道这个孩子并不像他表现得那么糟糕，他也努力想要将事情做好。

很多时候，孩子的问题让父母头疼并感到棘手，他们将全部注意力集中在孩子的问题上，形成"孩子＝问题"的错误看法。但是，只关注问题会让父母陷入思维盲区，阻碍孩子产生改变。

我曾经面向所谓的"问题学生"开展过一场名为"青春——成长进行时"的讲座，学生们给我的反馈深深地震撼了我。

讲座开始，我告诉学生："今天的讲座我只想到这个标题，觉得合适，觉得大家会感兴趣，可是我不知道要讲什么，我需要你们来给我答案，我想知道你们想要怎样的青春，你们愿意给自己的青春贴上怎样的标签。"学生们一开始比较沉默，渐渐地，大家发言越来越积极。在学生说出了几个青春的标签后，我将它们写在黑板上，记下每一个标签的投票数。

在家长和老师的眼中，这些"问题学生"只愿意追求一些离经叛道的事。确实，这些学生给出的"青春标签"中，存在"非主流""冷酷""攀比""放纵""胆大妄为""疯狂""厌学""自私""刺激""荒唐"这样的负面词汇。可是，认可度最高的三个青春标签却无一例外是积极、正向的。

得票最高的三个青春标签是："自由""梦想""个性"。

我曾经写过一篇文章叫《少年如玉》，它也代表着我一直秉持的教育理念。在我眼中，这些所谓的"问题学生"只是一些外表蒙尘的玉，多数人看到的是他们外表的尘垢、他们的问题行为，忘记了他们玉石一样的本质。

对待这些问题学生，我们的教育责任是，去除他们外表的尘垢，让玉石的光芒重现。

有些学生的问题行为多、出现时间长，这就像玉石被蒙上很厚的尘垢，想要去除，我们需要付出时间、方法和毅力，改变这样的学生也需要耐心。我们要始终记住：这些"问题学生"仍然有着玉石的本质和价值，他们正如"自由、梦想、个性"三个青春标签一样，有着积极向上的力量。

青春正当时，青春期孩子在探索自己的成长方向时，会有迷茫，甚至会有短暂的迷失，这些都是一种人生经历。我们的教育责任就是要帮助孩子于探索、试错中找到适合自己的路。

如果父母戴着有色眼镜看孩子，将看不到孩子身上积极向上的力量，也就无法激发孩子积极阳光的一面，促进孩子健康成长。

尽管表现得很叛逆，但青春期孩子内心仍渴望获得父母的肯定。如果父母做出的全是负面评价，孩子就会觉得自己真的不行、做不好，只能做一个"差学生""坏孩子"，从而自暴自弃，问题行为进一步加剧。

不论是问题多么严重的孩子，他们的身上总会有闪光点。而且有的时候，孩子所谓的问题行为的出发点未必是坏的，只是由于他们的方法不当或其他原因，没有带来好的结果。父母需要有"发现美的眼睛"，看问题时从"问题视角"切换到"积极视角"，寻找孩子好的出发点，强化孩子身上正面、积极的力量，以抵抗他们消极、负面的力量。

要做到这一点，需要父母拥有教育好奇心，像探险一样陪伴孩子成长，发现孩子行为背后的动机，以孩子的视角看待事物，获得新的体验，而不是一味地担心结果。

当父母能够以这种开放的心态对待孩子时，就更容易找到有效的教育方式。要做到这一点，父母需要培养自身的包容心，以开放的姿态面对孩子成长中的未知。

人们对未知有着天然的恐惧，所以一旦孩子的表现偏离常规，父母便会有强烈的失控感，从而产生不安和担忧的情绪。保持教育好奇心并不是指对孩子的问题不管不问，而是指父母应以好奇的心态面对成长中的孩子，了解孩子，陪伴孩子寻找适合他的人生方向，而不是把自己当成"教育专家"。

青春期孩子正处于迷茫的人生十字路口，他们离不开父母的引导。父母需要带着教育好奇心，先跟随孩子、理解孩子，再进行"引流教育"，这样才容易见效。

引流教育

"水往低处流"是自然趋势，人也有着类似的成长趋势。每个孩子都有自我成长的能力，只是当孩子出现一些问题行为时，父母往往过于着急和担心，从而看不到孩子的这部分能力。

父母需要记住：孩子的问题表现只是手段，不是目的。父母不能看到孩子的问题就认为孩子想要学坏。孩子沉迷于打游戏，不一定是由于游戏多好玩，很可能是因为他在现实中得不到肯定，游戏是他逃避现实、获取自信的方式；孩子厌学，也许并不是因为他不喜欢学习，而是因为他认为现在的教育体制不合理，而他想要学习一些更实用的知识技能；孩子不想上学，也许并不是因为他不想学习，而只是因为校内有些他无法应付的困难，他选择了退缩与回避……

每个人的自我成长趋势都一定朝着对自己有利的方向，但对自己有利的初心却不一定带来对自己有利的结果。如果父母只看到问题而忽视孩子的成长需求，毫无疑问收不到好的教育效果。就如同治理洪水，人们若只堵不疏，不仅解决不了问题，反而会引发灾难。

洪水堵是堵不住的，"引流"才是正确的应对方式，对待孩子的问题行为也是如此。

青少年的问题行为开始时只是许多不同因素导致的并不那么严重的行为改变，如青春期成长带来的不适应等导致的行为改变。这类并不严重的行为变化，在所有青少年身上都会时不时地发生，它们通常是一种暂时现象。然而，在有些情况下，它们却会转化成持续的、无法摆脱、无法解决的问题。在问题形成的过程中，至关重要的因素是——父母对这种普遍存在的成长中的青少年行为变化的特殊性的处理方式。大多数父母能够适应青少年成长带给他们的挑战，而且能够在特殊情况下以灵活的方式去帮助自己的孩子。无论孩子对父母有什么样的需要，他们都会尽力满足。然而，有些父母却不知道如何调整，他们总是错误地理解孩子在痛苦时表现出的变形行为。这样的反应对解决问题没有一点好处，相反，会使问题变得更加严重。

引自《青少年的家庭治疗：打破对抗与控制的循环怪圈》。

容易使孩子出现持续的问题行为的家庭一般有以下 4 种类型。

固化型

这类家庭习惯了稳定、熟悉的生活，容易对生活中出现的变化感到恐慌。如果孩子在进入青春期后出现了问题，父母会反应过度，而且会把全部精力放在消除孩子的问题上。他们想在消除孩子问题后，回到原来过惯了的生活中。

在这种情况下，真正应该被关注的事情反而被忽视了：父母需在处理问题时做出一些必要的改变，以便有效满足孩子的成长需要，帮助孩子顺利度过青春期。

疏离型

在这类家庭中，家庭关系冷漠、疏远，因此孩子出现的小问题很难引起父母注意。只有孩子的问题发展得非常严重时，父母才会稍微关注一下。也许在出事之前，父母根本就没有注意到自己处于青春期的孩子需要他们的帮助。当父母注意到的时候，孩子的问题已经很严重了。

有时，如果不是外界，比如学校或派出所的提醒，父母根本就没有意识到自己的孩子遇到了问题。甚至由于他们和孩子之间缺少固定的联系，父母无法给孩子提供必要的帮助。父母一心想要消除孩子的问题，反而忽略了他们真正应该关注的方面：加强改善家庭成员之间的关系。

父母冲突型

在这类家庭中，父母中的一方通常和孩子比较亲近，而另一方则和孩子比较疏远。如此一来，孩子一旦出现了问题，父母双方就会根据各自的印象，对孩子的问题做出不同的反应。

比如，和孩子关系亲近的一方，会把孩子看作受难者，过度保护孩子；和孩子关系疏远的一方，会认为孩子在捣乱，进而惩罚孩子、对孩子提出要求。

还有一种可能是，和孩子关系疏远的一方，比如父亲，会责怪孩子的问题是母亲管教不严所导致的。这种相互对抗的立场，会导致孩子与父母产生冲突。当这种冲突很激烈时，父母对孩子的帮助更不会有什么效果。这一过程和孩子出现的问题之间存在深刻的联系。

误导帮助型

在这类家庭中，父母好心帮助孩子，结果事与愿违，甚至情况越来越糟。比如，孩子犯错后，父母一再替孩子承担责任。他们认为这样是对孩子好，实际上剥夺了孩子从错误中学习的机会。

在一些家庭里，父母这样做可能是出于一些不能明言的原因，比如不想让孩子离开他们，或者想以此挽救已经出现问题的婚姻，等等。

有效的家庭教育方式，是父母先了解孩子问题行为背后的原因。水有从高处向低处流的趋势，堵不如疏，治水者应将水引向水能发挥好作用的地方，如使其灌溉农田。为人父母也一样，明白了孩子问题行为背后的原因，了解他们通过问题行为想要达到的目的，就可以引导孩子用积极、健康的方式达到同样的目的。

需要注意的是，"引流"需要人们依据水势大小进行适宜引导，太急的水流无法立即实现180度大转弯，父母可以多"转几次弯"，每次引导的幅度小一些，最终将孩子引向目的地。例如，面对厌学情况严重的孩子，父母直接要求他认真学习可能也不现实，可以引导他先按时去学校，接着按时完成作业，再接着成绩有所进步……没有什么"秘笈"能让孩子于短时间内产生"巨变"。父母需要培养自己的耐心，陪着孩子小步子前进，这也是父母在养育青春期孩子时的一门必修课。

孩子有内在的自我成长能力，父母不要用自己的标准代替孩子的自我成长，这不仅会招来孩子的强烈反抗，也会妨碍孩子的自主成长。

人的自我成长如同水由高往低流，外界无法阻挡。教育不要做堤坝，试图阻止孩子走向不当的方向；教育只须做水渠，做好方向性的引导，水会自己流动，流向目的地，孩子也能依靠自我成长能力健康成长。

父母对青春期孩子的教育需要遵从"引流教育"的理念，"引而导之"。父母要做的，是防止孩子在大的方向上出错，然后再与孩子一起探寻适合他的成长方向并进行引导。

引流教育的尺度是否过大，是否可能招来孩子的逆反，是一个非常主观的问题，没有绝对正确的答案。为了保障引流教育存在试错空间，使得父母即便引导过多，孩子也不至反应过激，我们需要借助"感性教育"这一缓冲剂。

感性教育

很多时候，父母会尽量为孩子提供好的物质条件，却不善于用言语表达对孩子的爱。许多父母经常诉苦：我为孩子做了这么多，他怎么不理解我呢？

因为你没说出来。

父母在面对孩子时，通常只表达对结果的关注。比如，他们可能会说："你怎么还在玩游戏？你怎么总想着出去玩？你怎么现在才回来？你的成绩怎么就比不上别人……"

父母没有表达出这些指责背后的关心：我希望你多花时间在学习上，是希望你有个好的将来，不用生活得很辛苦；我不希望你出去玩，是担心你结交不良朋友，染上恶习；我不希望你晚上出门，是担心你的安全；我拿你和别的孩子比，是想激励你努力学习……

孩子听到的只有父母的责备，感受到的只有父母对自己的不认可和否定，他们没有听到责备背后的关心。或者即使父母说了，也是在争吵中说的，孩子根本没听进去，自然也不能体谅父母的用心。

孩子心里很可能认为：父母认为我没有能力，不信任我能够做好。特别是一些父母非常喜欢把"别人家的孩子"挂在嘴边，令孩子厌恶、反感。

很多时候，父母在教育孩子时还存在一个问题：总是在讲道理。知易行难，成年人懂得那么多大道理尚且过不好这一生，更何况孩子呢？人是偏感性的生物，当情感和理智冲突时，人们往往偏向做出感性选择。所以，在理性层面"知道"并不够，还需要在感性层面"接受"。父母对孩子的教育也需要"感性教育"。

孩子的心智成熟度不及成年人，他们更多依靠感受、凭借喜好和这个世界打交道。孩子的年纪越小，情况越是如此。随着孩子逐渐成长，他们的理性能力也在逐步增加。

生活中，我们有时能看到这样的场景：给予孩子优质生活的父母和孩子的关系却不好；孩子可能与聊得来的邻居关系更好，父母的话有时还比不上外人的话有用。

再拿惩罚孩子为例，有些父母会责打孩子。如果孩子在情感上感受到父母是爱他的，打他不是因为不爱他，只是因为他做错了，孩子可能会哭着认错；可如果孩子与父母的情感联结弱，他在情感上感受不到父母的关爱，那么父母说的"恨铁不成钢""你要不是我的孩子，我都懒得管你"之类的话，就完全不会被孩子放在心上。父母打他，孩子可能会说"那就不要管我""我也不想做你儿子（女儿）"这样的话，或是倔强地任父母打，就是不认错，处于青春期的孩子尤其会出现这类情况。

如何让孩子在情感上接受父母的教育呢？

父母不妨问问自己：平时有和孩子交心、了解孩子的内心世界吗？如果父母与孩子的交流只停留在孩子的学习成绩、消费、交朋友、穿着打扮等表层，很少主动去了解孩子为什么做某件事，很少倾听孩子的想法，总是想当然地从自己的角度看待孩子，希望孩子明白"我做这些都是为你好""我这么辛苦挣钱都是为了你"，父母便是期望孩子只从道理上明白他们的关爱和教育。

但是，成年人都很难做到以理行事，又凭什么要求孩子做到？如何要求孩子仅仅基于道理就体谅父母？父母与孩子间若是缺乏感性教育，理性教育将变成没有效果的说教。

正如爱人之间，为什么明明知道彼此相爱，还是希望听到对方说出"我爱你"？"明白"只停留在理性层面，孩子明白父母爱自己、关心自己，但父母要说出对孩子的关心，让孩子听到自己的心声，让孩子在情感层面感受到父母的爱。

感性教育不只是父母单方面让孩子理解自己的用心，也包括父母多主动理解孩子内心。上文提到过，为什么有时孩子和邻居的关系都比和父母的好，因为邻居更愿意听孩子说话、理解孩子。

在理解孩子的情感时，父母需要注意一点：青少年不喜欢公开表达自己的需求与愿望，也不希望父母公开支持、接纳、赞同他们的愿望，但他们内心是需要和想要这些东西的。

父母在进行感性教育时还需要注意以下两个方面。

倾听

父母在对待孩子时习惯以"结果为导向"，又在结果的基础上，想当然地进行推测：孩子成绩不好时，认为孩子没有别人努力；孩子不去上学时，骂孩子成绩都这样了还逃课；孩子跟人打架了，指责孩子不学好；孩子说不想上学，批评孩子不读书"你还能做什么"……

当孩子的行为不符合自己的要求时，大多数父母的第一反应是指责，而不是倾听孩子的想法。

也许孩子没考好并不是因为不努力，而是因为学习方法不恰当、学习时间分配不足，其实他已经很努力了；也许孩子逃课是因为有同学经常欺负他；也许孩子打架是因为别人先动手打的他；也许孩子不想上学是因为有老师误解他，还当着很多同学的面，严厉地批评他……这些只是"也许"，但如果父母一开始就指责，剥夺孩子表达的权利，久而久之，孩子便不再愿意和父母交流，因为他们认为父母对自己有偏见，怎么解释也没用。

面对青春期的孩子，我们必须永远假定：在他们莫名其妙、出格、"叛逆"行为的背后，一定有着"很好的理由"，哪怕他们有打架斗殴、沉迷网络、逃课等严重问题行为。我们也必须时刻提醒自己：这些行为并不是孩子的目的，而是手段，可能是孩子达成某种自己都说不清楚的目的的手段。

对于青春期孩子的问题行为，如果父母能控制自己指责、教训孩子的冲动，用"你这么做的理由是什么"之类的询问来代替，先倾听孩子的解释，就会发现孩子的理由通常比父母认为的更合理。

处于青春期的孩子特别重视与成年人间的平等地位，重视来自成年人的尊重。而父母的"不倾听"、横加指责，是对孩子"成人感"需求的严重压抑，容易导致孩子对父母的强烈反抗，即和父母对着干，造成"父母说的都不听，父母不同意的偏去做"的状况。这样孩子的问题行为便会像滚雪球一样，越积越多，越来越严重。

父母看似简单的倾听，对孩子的影响却不简单。父母可以不同意孩子的想法，不允许孩子有某些做法，但一定要给予孩子表达的机会。特别是对于青春期的孩子，只有父母先营造一个能够自由表达的家庭氛围，孩子才会对父母表达真实想法，父母才能够知道孩子的真实情况。如果孩子经常话还没说完就被父母打断，紧接着"苦口婆心"的劝说扑面而来，渐渐地，孩子就变得不愿意向父母表达了。

许多父母对我说，自己以前和孩子的关系很亲密，现在孩子突然像变了个人一样，有什么事都不愿意和自己说了。也有父母说："我愿意听孩子说啊，我总是对孩子说，你有什么想法就说出来，我们多沟通，可是孩子不愿意告诉我。"这些情形通常是由父母的"言行不一"造成的。

如果父母不能够真正做到平等地对待孩子，是无法发自内心地倾听孩子的。如果父母内心改不掉"父母说，孩子听"的习惯，必然是孩子每说上一两句话，父母便开始"苦口婆心"地说教，这根本算不上"倾听"。

尊重

许多家庭采取权威型教育方式，即以爱之名进行严厉的教育，认为"父母一定是为孩子好""父母说，孩子听和做就行了"。

成长和教育有其自身规律，父母的关心和爱，无法取代适合孩子天性的成长方向。教育不应该"削足适履"，而应该"因材施教"，父母应以适合孩子的方式培养他。

在进入青春期前，孩子都听从父母的建议，父母也容易下意识地把孩子当成自己的"附属物"，觉得孩子就应该听从自己的安排；进入青春期后，孩子的自我意识显著增强，他们特别在意关系平等，十分"计较"父母是否尊重自己。

以我对青春期孩子进行心理咨询的经验来看，促进他们改变问题行为的最有效方式就是"尊重"。当我平等地对待青春期的孩子，平等地和他们交流，而不是把他们当成孩子时，会看到他们在自发地朝着好的一面转变。同样，对于青春期的孩子，父母如果想让管教有用，就要顺应孩子的发展特点，学会尊重孩子，把孩子当作独立的个体。对待青春期的孩子，严厉的管教只会起反作用，招来孩子的强烈反抗。父母"以柔克刚"、尊重孩子，才会让教育更有效。

本书的第二部分旨在帮助父母提升进行感性教育的能力，让教育事半功倍。

| 第二部分 |

改善亲子关系

会看这本书的父母，一定是真正关心孩子的父母，你愿意为了孩子学习家庭教育方法。也许你一直在为孩子辛苦付出，看过很多家庭教育类图书，学习了很多家庭教育课程，但还是感觉教育孩子很困难。

问题究竟出在哪里？

在于你误解了家庭教育的核心。

很多父母只注重家庭教育的"教育"功能，而忽视了其"家庭"功能，导致教育重于家庭（见图Ia）。

你可能总想着怎么教孩子：教孩子好好学习；教孩子拥有高尚品行；教孩子养成良好习惯；教孩子为人处世……

如果只靠教就能教育好孩子，那学校的老师接受过系统、专业的教育学培训，比父母更懂教育，孩子在学校就应该被教好了，哪里还需要家庭教育？

为什么孩子在学校教育之外，离不开家庭教育？

作为学校教育的补充，家庭教育的重心是"家庭"，而不是"教育"，即家庭重于教育（见图Ib）。家庭经营好了，教育才有用武之地，才会事半功倍；若家庭存在问题，离开家庭谈教育，那么再有用的教育都是空中楼阁，只会事倍功半，费力不讨好。

a）教育重于家庭

b）家庭重于教育

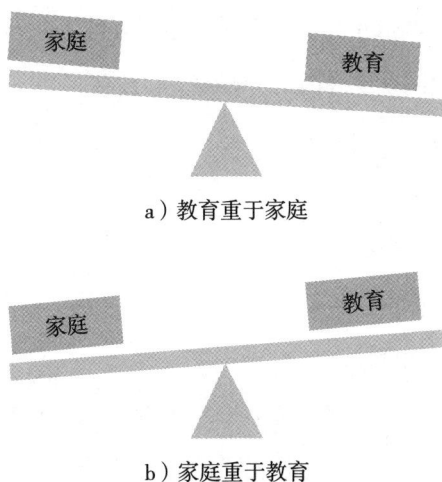

图 | 家庭教育的核心

我先来讲一个故事。

母蟹对小蟹说："孩子，你怎么老是横着爬，为什么不能直着走呢？"

小蟹委屈地答道："妈妈，我是照着您的样子走的呀！"

父母平日在家庭中的言行，会不知不觉地影响孩子。父母可以试着回顾：是你教会孩子的多，还是孩子无形中从家庭学会的多？

家庭是家庭成员、家庭关系、家庭环境、家庭习惯等方面的集合。家庭的这些方面都会影响家庭教育。

父母可以仔细回顾以下几点。

- 自己的性格与行为：是言行一致，还是说一套做一套；是容易发脾气，还是能很好地控制住情绪；是待人宽容，还是经常指责他人……

- 家庭成员之间的关系：亲子关系、夫妻关系、婆媳关系等，是不是会影响孩子的表现？

- 生活环境：家中是否干净整齐、是否注重卫生习惯等，有没有影响孩子的行为；家庭氛围是学习型还是娱乐型，是安静还是热闹，是不是影响了孩子……

- 各种家庭习惯：父母是"行动派"还是"拖延派"；父母是喜欢学习，还是喜欢玩手机、打牌；父母在遇到问题时，是容易发脾气、争吵，还是就事论事、解决问题……

所有与"家庭"有关的方面，都在潜移默化地"教育"孩子。这种潜移默化的影响，远胜过父母的刻意教育。

推荐大家看看《情感依附：为何家会影响我的一生》一书，作者在书中描述了自己对 76 个孩子进行的从出生到 30 岁的跟踪研究，证明了家庭是如何影响人的一生的。

父母了解如何经营好家庭，才能更好地教育孩子。但是难道父母在家庭的方方面面都要做好吗？这也太难了吧！

父母能够经营好家庭的各个方面当然更有利于孩子的成长，不过，父母在教育孩子时，也不用一步到位地经营好家庭，父母可以把其作为提高家庭教育水平的长期目标，先专注于短期目标，即改变家庭中影响教育的核心因素——家庭关系。

很多学习过家庭教育的家长都会深有感受：家庭教育强调亲子关系、夫妻关系，因为家庭关系是影响家庭教育的核心因素。

家庭关系是家庭教育的"核心"，亲子关系则是家庭教育的"核心中的核心"。

很多父母可能会觉得：我只是想教好孩子，我肯定是为了孩子好，让孩子听我的不就行了吗，为什么非要先改善和孩子的关系呢？

举个例子，一个陌生人跑过来对你的孩子说："你要好好学习，多吃蔬菜水果，多锻炼身体！"

你觉得孩子会听吗？

不会。可能孩子还会想：这人谁啊？有病吧！

陌生人说得对吗？

非常对，他说的这些话全都是为了孩子好。

孩子为什么不听？

因为他只是一个陌生人，与孩子缺乏关系的联结，不能触动孩子的情感。孩子听到的只是正确的"道理"，与听到"1+1=2"时的感受一样，但这不足以让孩子行动起来。

父母认为自己是为孩子好，孩子应该听他们的话，这实际上存在两个隐藏前提。

- 前提一：对自己有好处的事情，人们就会接受并照做。
- 前提二：父母是真的为了孩子好。
- 结论：孩子会听父母的话。

当把"我为了你好，你就应该听我的"这句话的潜藏逻辑补充完整时，我们就会发现漏洞：前提一"对自己有好处的事情，人们就会接受并照做"是不成立的。

父母可以想想自己：对自己有好处的事，自己会照做吗？明知道少玩手机、多锻炼、多看书对自己有好处，可是有多少父母能做到呢？对自己有好处就照做需要一个前提条件：人完全按理智行动。我们习惯了讲道理，却忘记了人不完全是理性的，人的天性是感性大于理性。

父母指望孩子听自己的，是希望通过讲道理而让孩子听自己的话。要知道孩子的大脑发育程度不如成年人，父母要求孩子做连成年人都做不到的事，自然是没用的。

有些父母可能会疑惑：为什么孩子在青春期前很听话呢？

这本质上还是取决于父母与孩子的关系。在进入青春期之前，孩子对父母的依赖程度很高，孩子害怕自己不听话会被父母抛弃。回顾孩子的成长过程，你是不是发现，孩子越大，越容易出现不听话的情况？孩子越大，独立性越强，对父母的依赖性越低，因不听话而产生的被抛弃的恐惧感也越低，就越敢于不听话。本书第一部分介绍孩子在青春期的变化时提到，独立性高涨是青春期孩子的典型特点。

这种迅速发展的独立性，在一定程度上削弱了孩子与父母之间的关系，也存在降低教育效果的倾向。为了提高教育成效，父母需要有意加强与孩子间的关系。既然人的本性是感性大于理性，教育就要想办法"以情动人"，触动孩子的情感，而不是生硬地"说教"。情感和关系就像一对亲兄弟，人们在关系上亲近，在情感上就更容易产生触动。良好的亲子关系能够极大地帮助父母在教育孩子时"以情动人"，从而事半功倍。

不过，父母要记住：天生的血缘关系不等于情感上的亲近。情感上的亲近，来自父母为孩子付出的时间和爱的积累，没有捷径可走。

很多家长希望找到改变孩子的"灵丹妙药"，但欲速则不达，花了不少冤枉钱。亲子关系需要时间来改善，怎么会有快速改变孩子的神奇方法？有些方法看似让孩子有所改变，但也只是"治标不治本"，压制了孩子当前的问题表现，总有一天孩子会产生新的问题。就像有些人免疫力差，总是感冒咳嗽，如果他们只吃治咳嗽的药，觉得咳嗽好了便没事了，自己无须提高免疫力，那么问题看似有所缓解，本质上并没有被解决，随着时间的推移，问题反而越来越严重。

良好亲子关系的建立，重点在于父母对孩子的态度，父母要做到尊重、平等、倾听……并把这些态度融入与孩子相处的日常，最终建立良好的亲子关系。父母可能说："我知道，但是做不到啊！当孩子不听话，而且我说多少遍都不听时，我就容易发火；孩子写作业磨磨蹭蹭，说他几句他觉得我烦，不说他他又不自觉，让我怎么尊重他？让我有平等的态度，难道是要我听孩子的，让他不用学习？"

亲子关系建立于父母与孩子的日常相处中，最容易破坏亲子关系的，是父母的情绪化与不良的亲子沟通方法。我在工作中接触过上千个家庭，发现大部分家庭都存在亲子关系、父母情绪、亲子沟通三个方面的问题，这三个方面构成了影响家庭教育效果的三大因素（见图Ⅱ）。

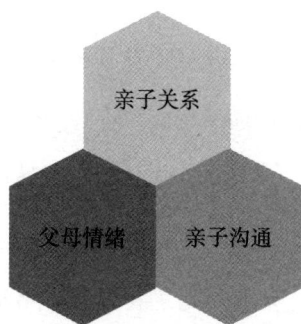

图Ⅱ　影响家庭教育效果的三大因素

"你怎么这么蠢""你怎么这么笨""怎么就是脑袋不开窍"……父母也知道这样的话会伤害孩子，但情绪上来时他们很难控制自己。容易情绪化的父母都知道要平等地对待孩子、尊重孩子，但他们很难做到，他们气头上的言行反而激化了亲子矛盾，破坏了亲子关系。

"学习是你自己的事，你怎么就不能自觉点，你看看你的同学××，学习从来不用他的父母操心""你考得这么差，肯定是因为学习没用心，就知道玩""赶紧去写作业，没写完作业不准出去玩"……很多时候，父母与孩子之间的沟通只剩下指责、命令，这使得问题和矛盾不断激化，亲子关系疏离，毕竟没有人愿意亲近总是批评、教训自己的人。

亲子关系、父母情绪、亲子沟通三个方面相互影响，我们很难分清哪个是因，哪个是果。父母情绪上来时，会进行"吼叫式"沟通；当这种沟通无效、孩子不听父母的话时，父母的情绪会进一步失控，沟通又变成"吼叫"；情绪化和不良沟通，都会破坏亲子关系；不良的亲子关系也容易让亲子沟通产生矛盾，激化父母情绪。

从"亲子关系"出发改善家庭教育的效果，离不开亲子关系、父母情绪、亲子沟通三个方面的相互配合。本书接下来将介绍从这三个方面改善家庭教育的方法。经过持续练习，父母终将产生看得见的改变。

在一个家庭中，原有的不良亲子关系、父母情绪化和不良亲子沟通问题已成为一种家庭教育习惯。若父母想改变旧的教育习惯，养成新的、良好的教育习惯，必须不断练习。比如控制情绪，有的父母知道发脾气没用，自己应该控制情绪，可是一陷入情绪还是忍不住发火。只有经过不断练习，把良好的家庭教育方法变成一种习惯去执行，父母才能真正落实这些方法，不再"知道做不到"。

下面，我会按照父母情绪、亲子沟通、亲子关系的次序，分别介绍这三方面的内容。

第三章

去情绪化养育

情绪化养育，对孩子的脑部发育不利

父母的情绪化对亲子关系的破坏最为直接和强烈。如果父母控制不了自己的情绪，那么无论多么有效的教育方法都会失效。

父母情绪化产生的不良影响，远远不止削弱教育效果这么简单，它还会对孩子的大脑发育和心理健康产生实质性伤害。这种伤害一旦产生将很难被弥补，对孩子的一生都有负面影响。

父母在产生情绪时经常对孩子采取语言暴力。哈佛大学的马丁·泰彻（Martin Teicher）博士的一项研究发现：语言暴力最容易影响大脑发育。如果孩子长期置身于被指责的环境，他们的大脑为了适应环境会切换成"求存模式"，也就是说，为了生存，孩子会压抑自己的很多情绪、想法，采取顺从、适应的方式。这容易让孩子形成懦弱、自卑的人格。

英国东英吉利大学的心理学家瓦尔什（Walsh）博士和他的研究团队进行的一项回顾性研究发现：那些在 11 岁前经历过家庭问题的人，比在正常家庭中成长的人的小脑要小。这些家庭问题主要是家庭成员争吵、关系紧张、交流不畅、缺少关爱及情感冷漠等。

我把这些家庭问题总结为两种类型：冲突型和冷漠型。

- **冲突型的主要问题**：夫妻关系紧张，经常争吵；婆媳关系差，婆婆、儿子、儿媳呈三角关系，几乎天天有矛盾；父母和孩子间常常发生冲突……
- **冷漠型的主要问题**：父母和孩子缺乏交流；家长对孩子只有要求、指责，缺乏关爱；家庭成员之间感情淡漠……

可以看出，冷漠型实际上属于冲突型中的"冷暴力"型，对于父母和孩子而言，它本质上也是亲子关系紧张的表现。亲子关系紧张，必将带来负面情绪，这些家庭问题都与父母的情绪有关。这意味着，父母如果容易情绪化，那么他们的孩子的小脑发育将受到影响。

人的小脑功能影响人的学习、压力调节、感觉运动控制等方面的能力。

看到没有？小脑影响学习。"越骂越笨"这句俗语终于有脑科学依据了。当你怒气冲冲地骂孩子时，孩子确实会越来越笨！

小脑影响压力调节能力，压力又会增加人的负面情绪。如果孩子成长于气氛紧张的家庭，经常面对发脾气的家长，他们的小脑发育将受到影响。这导致孩子在遇到压力时难以有效应对，负面情绪不断累积，他们变得容易发脾气。

如果你的孩子容易发脾气，你需要考虑自己是否也容易情绪化，不能只想着改变孩子。如果孩子爱发脾气源于家庭关系紧张、父母情绪化而导致的小脑发育异常，那么家长必须先自己做出改变，营造和谐的家庭氛围。一个好消息是，孩子的大脑可塑性比较强，也有机会被重新修复。

小脑还会影响感觉运动控制。有些孩子在做一些精细动作，比如扣扣子、握笔等需要各个手指分工协作的动作时表现得不好，在协调性、平衡性等方面的能力比较差，这些都是因为他们的小脑没有发育好。如果你的孩子总是"笨手笨脚",别再骂他了,他很可能是被你"骂笨"的。

父母情绪对孩子脑部发育的影响还体现在一个方面:父母是孩子天然亲近的对象,如果父母经常情绪化,打骂孩子,成为孩子恐惧的对象,孩子将变得非常矛盾,他们既想亲近父母,又害怕亲近父母。

当孩子处在这种矛盾中时,他们脑中负责应对压力的激素皮质醇会被大量释放。皮质醇过多将妨碍脑部的健康发育,造成脑细胞连接断裂,而人的聪明程度与脑细胞连接的丰富程度有关。若人的脑细胞连接断裂,将直接影响其智力等一系列脑部功能,情况严重时甚至会导致脑细胞死亡。

了解了父母情绪对孩子脑部发育的影响,我们再来看看其对孩子的心理健康会产生什么样的影响。

神经科学研究:骂孩子 = 打孩子

美国密歇根大学的伊桑·克罗斯(Ethan Kross)博士的一项研究发现:个体的情绪伤痛与其身体伤痛的脑回路是相同的,即父母的辱骂对孩子造成的情绪伤害,与打他造成的身体疼痛在大脑层面的反映情况是差不多的。

看了这项研究结果，不要再觉得你只是骂孩子，又没打他，所以没那么严重了。研究证明，骂和打的后果差不多，造成的伤害是相同的。你在发脾气时，骂孩子就等于打孩子。

父母情绪化，孩子易患精神疾病

有研究证明：孩子若是长期生活在情绪紧张的家庭中，成年后其患精神疾病的概率将大大增加。有些父母可能会说：精神疾病不是遗传来的吗？怎么又与父母发脾气有关了？

精神疾病的遗传，是指一个家族中若有人得过精神疾病，那他的后代患精神疾病的可能性将更高。遗传并不是指孩子从一出生就有精神疾病，而是指当他成长于一个有精神疾病患者的家庭，即一个有问题的家庭中时，他患病的可能性将更高。同理，长期生活在情绪紧张的家庭中的孩子，患精神疾病的可能性也更高。

接下来，我将为父母介绍几种可以用来进行情绪练习的方法。

使情绪迅速降温的技巧

方法一：离开环境

这种方法看似简单，却很有效。很多时候，我们都低估了离开环境对于情绪控制的重要性。

情绪环境如同一个水面，一个人的情绪波动如同向水里扔石子时带起的涟漪，这些涟漪一圈圈扩散，一定会彼此影响。如果我们一直处于情绪环境，可能努力控制好的情绪又会被他人影响，从而变得激烈。相反，离开情绪环境将减轻这一影响，使人更快地平静下来。

比如，孩子若磨磨蹭蹭地写作业，两个小时连作业的十分之一都没写完，一直在"东玩玩，西看看"，父母恨不得打孩子。可打孩子也解决不了问题，只会使孩子和父母"对着干"，甚至完全不写作业。在这种情况下，父母可以先自己去卧室或阳台待一会儿，甚至出门转一圈，平复一下情绪，别再和孩子待在一起，不然他们会变得越来越生气。

美国心理学家约翰·戈特曼（John Gottman）和他的研究团队发现，一旦人的肾上腺素^①被释放到血液中，造成的生理

———

① 注：一种体内激素，可使人兴奋、激动。

影响（心率加快、呼吸加速等）至少要等 20 ～ 30 分钟才能消失。也就是说，一旦我们生气，需要半小时左右才能恢复平静，我们不能完全靠理智控制情绪。因而，父母在生气时，离开孩子所处的环境半小时是一个明智的做法。

方法二：情绪宣泄

我将向大家介绍 3 种好用的情绪宣泄道具：惨叫鸡、宣泄壶、人面发泄球。这些道具你都可以在网上买到。

惨叫鸡可以被用力摔打、拉扯、揉捏。当孩子写作业磨磨蹭蹭，上网课不专心听课、玩手机时，身为父母的你若产生了强烈的情绪，甚至想打孩子，则可以通过摔打惨叫鸡发泄。

宣泄壶可以供人大声喊叫（而且不会影响他人），有助于你宣泄情绪，释放内心的怒火。

人面发泄球的体型很小，还没有我们的手掌大，方便随身携带。你可以将它放在包里、口袋里。在不方便用惨叫鸡、宣泄壶发泄时，你可以用人面发泄球发泄。

方法三：呼吸训练

呼吸训练是指当人们情绪强烈时，可以进行"吸四呼八"

的呼吸训练：吸气时，你可以在心里从 1 数到 4；呼气时，在心里从 1 数到 8。如此反复练习，直到情绪平复。你在离开情绪环境、离开孩子之后，便可以用呼吸训练缓解情绪。

吸气，激活的是神经系统中的交感神经系统，即负责让人们变得兴奋、活跃的神经系统；呼气，激活的是神经系统中的副交感神经系统，即负责让人们变得平静的神经系统。吸气短、呼气长的深呼吸训练，可以使人利用人体神经系统功能调节情绪。

方法四：认知调整，把"不想"转变为"不能"

父母之所以对孩子生气，经常是因为他们觉得明明已经说了很多遍的话，孩子为什么还是做不好，他们摆明了就是不想做。比如孩子做错了很多题，而且都是会做的题，他们明明只要认真一点就不会出错；父母一不监督，孩子就开始"磨洋工"，有人监督便可以很快写完作业。在遇到类似情况时，父母就会觉得孩子明明可以做好却没有做好，这分明是态度问题，孩子是懒，是故意的，从而产生情绪。

这里面有一个误区：父母觉得孩子有时能做好，有时做不好，一定是态度问题——不想好好做。但事实并非如此。拿情绪来说，我们成年人大多数时候都能控制好情绪，但偶尔也会情绪失控，难道一时的情绪失控是因为我们不想控制情绪吗？显然不是。

孩子也是如此。父母不能把这种情况完全归咎于孩子态度不好、不想做好。父母要记住：孩子还处于学习、成长的过程，他的自控能力、自律性等都不稳定。当孩子没做好时，父母可以转变想法，如认为孩子还在培养能力的过程中，自控力不稳定，所以才会如此。

当把"不想"转变为"不能"后，父母便不再认为孩子是故意不做的，他们的情绪也将有所缓解。此时，父母可以再结合使用离开环境、情绪宣泄等方法调整情绪，之后再教育孩子。

神经科学家安东尼奥·达马西奥（Antonio Damasio）在他的著作《感受发生的一切：意识产生中的身体和情绪》中提到：人只要有意识，就会产生情绪。也就是说，只要我们处于清醒状态，便会一直有情绪，甚至我们在睡梦中也会产生情绪。梦是一种特殊的意识状态，无论我们做的是美梦还是噩梦，醒来之后梦中的情绪仍会影响我们。

一天 24 小时，人们几乎一直在产生情绪。

这也是情绪难以被控制的重要原因之一——情绪在源源不

断地产生，而我们却不是时刻在进行情绪的控制。如果把情绪比作蓄水池，我们就会发现，这个蓄水池的进水口一直在进水，出水口却偶尔才被打开，进水量远远大于出水量，情绪自然容易溢出。情绪控制不是一项一劳永逸的工作，人们需要经常进行情绪调节才能处理大量的情绪。

情绪难以被控制的另一个重要原因是：情绪发泄是一种本能，情绪控制则需要人们不断对抗本能，通过后天的训练提高相关能力。我们可以把"情绪"比作船，将"发泄"比作水流，将"控制"比作划船。情绪发泄是顺水行舟，情绪控制就是逆水行舟。要想控制情绪，我们必须不断划船，让"情绪船"逆水前进；只要"控制"得稍有懈怠，"发泄"的水流就会把"情绪船"冲向下游。

情绪之所以难以被控制，还有一个原因：控制情绪只是第二步，在此之前，我们要做的第一步是觉察情绪。

一个人要先意识到自己的情绪，才能采取措施去控制情绪。正念练习是一种很好的控制情绪的方法，它能够提高父母对情绪的觉察能力，帮助父母及时控制情绪、调节情绪。

正念练习"三管齐下"

我们先来看看情绪产生的过程。

导致人产生情绪的事件被称为"情绪刺激",情绪刺激使人的大脑形成神经冲动——这是神经系统传递信息的基本单位。神经冲动在经过一个叫丘脑的大脑结构时,会遇到一个岔路口:一条路直接通向情绪中心杏仁核,我们暂时称其为"通路一";一条路通过理智中心前额叶,再到情绪中心杏仁核,我们暂时称其为"通路二"。

我们把直通情绪中心杏仁核的通路一比喻为油门,将通路二比喻为刹车。不难发现,如果油门踩得很重,导致车速过快刹不住车,情绪将直接爆发,这就是人们情绪强烈、难以被控制的时候;如果油门踩得不重但刹车不好,那么人们即使开得很慢也刹不住车,人们也会控制不住情绪,这便属于情绪控制训练得不够。

通过平时的正念练习,人可以在产生情绪的时候迅速激活大脑前额叶,觉察情绪,开启情绪控制,这相当于缩短了刹车的启动时间。

同时,正念练习还可以提高大脑前额叶调节情绪的功能,相当于提高车的刹车效果。此外,正念练习还可以降低情绪中心杏仁核的活跃度。

心理学中有一个"踢猫效应"，指人的情绪存在从地位强势的人向地位弱势的人发泄的倾向。在一个家庭中，如果爸爸比较强势，就容易向妈妈发脾气；妈妈又比孩子强势，受了气就容易向孩子发泄；孩子无处发泄，就向更弱势的猫发泄，因此就有了"踢猫效应"，其又被称为"情绪转移"。

父母可能有过这样的体会：同样是面对孩子表现不好的情况，比如写作业拖拉，自己在情绪好时，或许能够耐心劝孩子认真写作业；如果情绪不好，可能就直接责骂孩子了。也就是说，父母的情绪化，并不是完全由孩子的表现决定的，孩子的表现只是父母情绪的一个诱因。如果父母原本的情绪强度低，当孩子表现不好时，父母是能够较好地控制情绪、开展教育的；相反，如果父母原本的情绪强度就很高，孩子表现又不好，这时候父母就像个火药桶，一点就炸。

踢猫效应提示父母：很多时候忍不住对孩子发脾气，是因为父母本就积累了大量情绪，借着孩子表现不好顺势发泄出来了而已。

正念练习减弱"情绪油门"的原理，便在于帮助父母将平时的情绪调整平和，若父母的情绪强度低，即使在教育孩子时出现了情绪，也能够控制情绪。正念练习的这一功能，成功解决了控制情绪的另一个难题——如何处理每天积累的大量情绪。

正念练习能够提高一个人情绪觉察、情绪控制的能力，并有助于降低情绪强度，"三管齐下"，从而使人从根本上控制情绪。

正念练习目前已经发展出了很多不同的训练方法，读者可自行查资料了解。

情绪 ABC 理论

通常我们认为，我们之所以产生某种情绪，是因为遇到了某件事情。比如高兴，是因为遇到了让人高兴的事情；生气，是因为遇到了让人生气的事情。

假设有一天你走在路上，突然有人从背后用力撞了你一下，害你差点摔倒，你的第一反应是什么？

是在心里默念"天气如此美好，我却如此烦躁，这样不好"吗？估计不是，我们的第一反应大多是愤怒、抱怨。

但如果你怒气冲冲，转身发现对方是一个盲童呢？

你还会生气吗？

不会，你可能还会心生同情，安慰他说没关系。

同样是被撞，为什么在转身前后，你的情绪差别会这么大？

因为看法不同了。

转身前，你认为撞你的人本可以避开你，他需要为撞到你负责，所以你会生气；转身后，看到对方是一个盲童，你认为不再是对方的错，不需要由他负责。

现在，你还认为情绪完全由事件引起吗？

情绪 ABC 理论由美国心理学家阿尔伯特·埃利斯（Albert Ellis）提出，这一理论认为，刺激事件 A（Activating event）只是引发情绪、行为反应 C（Consequence）的间接原因，而引发 C 的直接原因是人们对刺激事件 A 的看法 B（Belief），即对事件的想法和信念（见图 3-1）。

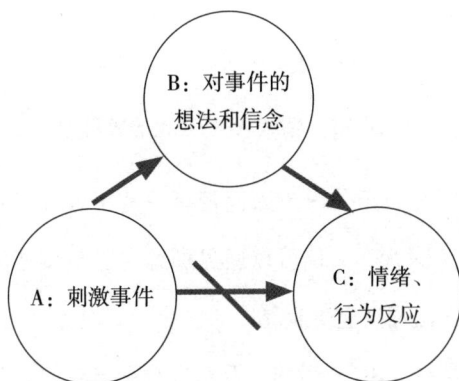

图 3-1 情绪 ABC 理论

在上面的例子中，事件（A）是被人撞倒，后果（C）是情绪反应；但同样的事件，却引发了人们不一样的情绪。

情绪反应 1（C1）：愤怒、抱怨。

情绪反应 2（C2）：同情、安慰。

造成这种差异的关键，是看法（B），即由人们对事件的观点、解释、评价组合而成的想法和信念。针对同一事件，人们的看法不同，产生的情绪也将不同，情绪 ABC 理论的应用如图 3-2 所示。

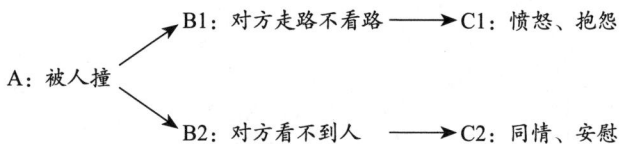

A：被人撞 —— B1：对方走路不看路 —— C1：愤怒、抱怨

A：被人撞 —— B2：对方看不到人 —— C2：同情、安慰

图 3-2 情绪 ABC 理论的应用

埃利斯认为，正是由于人们常有一些不合理的看法，他们才会受到情绪困扰。父母可以通过训练自己对事情的看法来减少因不合理看法而产生的情绪。

在进行情绪 ABC 练习时，父母需要每天记录自己情绪波动较大的时刻，父母可以按照下面的格式，记录引起负面情绪的事件（A）、当时的看法（B1）、当时的情绪反应（C），以及除当时看法外的其他可能的看法（B2）（见表 3-1）。父母可以通过这种练习学习从多个角度看待事情，减少因看待事情先入为主而形成的偏见。

表 3-1　情绪 ABC 练习示例

引起负面情绪的事件（A）	当时的看法（B1）	当时的情绪反应（C）	除当时看法外的其他可能的看法（B2）
孩子写作业拖拉，说不会做，我教了他，他还是不会	明明已经教过他了，还说不会，就是在故意和我作对	生气、发火	也许孩子真的没有听懂，再教他一遍，直到他学会为止
下班回家看到孩子在玩手机游戏	没有经过我的同意就玩游戏，太不自觉了	愤怒、训斥	孩子已经紧张一周了，真的需要在周末放松一下，下次我是否可以考虑周末允许他适当地玩会儿游戏呢
孩子的数学只考了 50 分	他学习不努力，只知道玩	生气、愤怒	孩子有可能不是不努力，只是他这次考试的题目太难了

在一开始记录时，你可能感到不习惯，特别是不习惯寻找其他可能性（B2），很难想到其他可能性。当你想不到时，可以询问身边人对这件事情有什么看法，让自己从多个角度看事

情。若父母坚持训练，慢慢养成从多角度、多种可能性看事情的习惯，对孩子的偏见将会极大减少，由此产生的情绪也会极大减少。

第四章

怎么说，孩子才会做

你的教育是"单口相声"，还是双向沟通

父母怎么教育孩子才有效？

是不是父母说的、教孩子的，孩子愿意听、愿意做才算有效？

现实中，经常出现的情况却是：父母苦口婆心，说得口干舌燥，但完全是在说"单口相声"，孩子压根没听进去。其结果便是，父母生气，孩子觉得父母啰嗦，或是跟父母产生正面冲突，或是消极对抗——不和父母争论，但就是不去做，让父母气不打一处来。

沟通是一门艺术。有效的教育方法，很多时候不是指特别的教育技巧，而是沟通技巧（当然良好的亲子关系仍是前提），对于青春期"吃软不吃硬"的孩子，父母尤其需要注意说话方式。

一个人开口说话不难，为什么两个人沟通起来会如此困难？

我们先来做个游戏，体验一下沟通到底有多么不容易。

准备一张白纸、一支笔，然后按照我说的步骤画图：先画一个长方形，再画一个圆形，最后画一个三角形。

现在，给大家看一下我想要的图形是什么样子的（见图 4-1）。

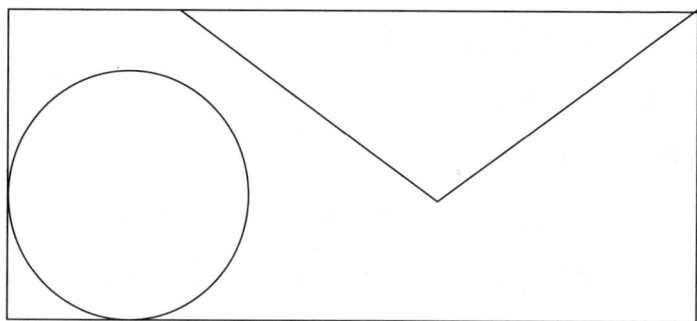

图 4-1　沟通游戏（笔者想要的图形）

有没有人画的和我心中想的图形是一样的？估计没有。

为什么我的表达简单易懂，大家却没有画对？我是不是可以说，我说得清楚明了，你们没画对，是你们的问题？

大家一定不能接受。

可是，父母在和孩子相处时，很多时候是不是也觉得，我都说了很多遍，说得够清楚了，但你还是没做好，一定是你的问题，你就是懒，就是没有用心，就是没有努力，就是贪玩……

父母以为自己说明白了和孩子真正听明白了并不是一回事。就像你若打算画出我想要的图形，在画长方形时，你要知道长方形的长、宽和在纸上的倾斜度；画圆形时，你需要知道圆心位置和半径大小；画三角形时，你需要知道边长和内角、三角形的中心和倾斜方向。

看到没有？若想真正做到沟通清楚，沟通双方需要确认非常多的细节。

看似简单的沟通，实则一点都不简单！

理解沟通组成要素，精准发现沟通问题

父母在详细了解沟通有哪些要素后，就能明白：很多时候孩子不听不做，不是孩子本身的问题，而是因为亲子双方沟通

得还不到位。心理学对沟通进行了研究，并提出了沟通的七要素模型。

发起者

发起者即发起沟通的人。发起者的概念是相对的，在整个沟通活动中，沟通双方互为发起者和接收者。

信息

信息即一方试图传达给对方的内容，它往往包含发起者的观念、态度和情感。发起者的态度和情感主要通过语调、语气、语速、表情、神态、动作等方式传递。沟通的内容可能通俗易懂、直截了当，也可能委婉含蓄，双方要仔细揣摩。

以孩子写作业为例。

父母："你已经玩了很长时间手机了，快去写作业！"

孩子："我再玩一会儿。"

父母同意了，结果，过了 10 多分钟，孩子仍在玩手机。

父母："说了玩一会儿，怎么过了这么久你还没去写作业，不准玩了，赶紧去写作业！"

孩子："这才 10 分钟，我一局游戏都没打完，我再玩一会儿，一会儿就去写作业！"

父母："才 10 分钟？你要玩多久才满足？快去写作业！"父母强行拿走了手机。

孩子："我不写了！"

问题出在哪里？一开始，父母与孩子交流得还挺好，孩子也愿意写作业，到后来冲突升级：父母不满，没收手机；孩子"罢写"作业，向父母抗议。

我们回过头来看这段对话，矛盾的焦点在于"玩一会儿"：孩子说"我再玩一会儿"，父母觉得 10 分钟已经超过"一会儿"的时间长度了；孩子觉得 10 分钟不算长，还在"一会儿"的范围内。

父母和孩子谁对谁错？

双方都没有错。

"一会儿"本就是一个模糊的时间长度，至于指的到底是多长时间，因人、因事而异。要是你急着上厕所，1 分钟都是"很久"；如果你是和喜欢的人一起看电影，1 小时可能也只是

"一会儿"。

双方要想进行有效的沟通，表达的信息一定要明确。

接收者

接收者即接收信息的人。接收者接收信息是一个复杂的过程，包括注意、感知觉、转译和存储等心理活动。

注意和感知觉是接收信息的要素。在收到沟通内容之后，人们才能进一步展开沟通。假设你正在做家务，孩子打游戏正入迷，这时，你吩咐孩子把垃圾扔了，孩子下意识地"嗯"了一声。结果等你把家务做完，发现孩子仍旧在打游戏，垃圾根本没扔。你开始发火，觉得孩子只知道玩，答应的事情不去做。可孩子也很生气，声称自己不记得答应过要扔垃圾，觉得你"没事找事"，只会把气撒在他头上。

所以，父母在沟通时，要先确保孩子在认真听，不能是一个人在说，另一个人却心不在焉。

"转译"是一个专业术语，简单来说，它指的是理解沟通内容的过程。比如一个没有学过英语的人在和一个说英语的人交流时，两个人都没办法"转译"对方的话，因为他们使用的不是同一种语言。这就好比谍战人员必须知道密码，才能把电报翻译成能读懂的内容。

每个人的心理世界都有一套独属于自己的"心理语言密码"。即使说同一种语言，两个人的"心理语言密码"也会有差异，这种差异就可能造成双方对沟通内容的误解，如上文提到的父母与孩子对"一会儿"的概念就产生了分歧。

"转译"的存在提醒父母，沟通中产生误解是很常见的情形。当父母与孩子在沟通中产生误解时，父母应用宽容的心态应对。

"存储"就是记住沟通内容。这一点有时也比较影响沟通效果。比如，父母让孩子收拾自己的房间，孩子答应了，然后有同学叫孩子出去玩，孩子就把收拾房间这件事忘了。父母若责怪孩子是因为偷懒才没收拾，孩子自然会反驳。

忘记承诺几乎是人人都会犯的错误，因此父母不要"想当然"地指责孩子，应该多了解个中缘由。

通道

通道即沟通的方式。从信息的呈现形式来看，沟通有文字沟通、声音沟通、图像沟通几种方式；从沟通的感觉通道来看，存在视觉沟通、听觉沟通等方式；从沟通的直接性来看，有直接沟通（包括面对面沟通、网络沟通）和间接沟通（如写书信、托人带话）等方式。

心理学研究发现，在所有的沟通方式中，影响力最大的是面对面沟通。在面对面沟通中，沟通双方除了通过语言，还可以通过眼神、表情、姿态、动作等传达更为全面的信息内容。同时，发起者可以观察信息接收者完整的反馈信息，根据对方的反馈及时调整自己的沟通方式。如果对方表现出积极的反应，则双方可以继续沟通；如果对方表现出消极的反应，则另一方会随时对沟通方式和沟通内容加以调整，这样也有助于提高沟通效果，最大限度地对接收者产生影响。

以上文提到的父母吩咐孩子扔垃圾的例子来说，如果父母正在厨房洗碗，他们听到孩子"嗯"了一声，就会认为孩子听懂了也答应去做了；如果父母是面对面告诉孩子的，就能看到孩子正在玩游戏，并且只是应付式地"嗯"了一声，可能就会打断孩子的游戏，再说一遍，以确保孩子真的听清楚了父母的要求。唯有有效的沟通才能促进孩子的行动。

反馈

反馈即接收者对沟通内容的反应，它可以反映接收者对沟通内容的理解程度。在实际沟通过程中，沟通双方都在不断地将反馈信息传达给对方，双方始终处在互相传递、互相反馈信息的过程中，任何一方都既是沟通者，也是反馈者。若一方缺少反馈，沟通进程将被阻断，导致沟通无法继续。

父母与孩子之间沟通问题的症结，常常是双向反馈的沟通变成父母对孩子的单向沟通。父母只管"灌输"，而不根据孩子在沟通中的表现、反馈出的信息做出调整，比如他是否反感、是否心不在焉、是否生气了等调整自己的沟通方式。可能在孩子回家后表现得明显有心事时，父母也只是说"快去写作业吧"。

单向沟通没有反馈过程，也就没有沟通效果。若想让孩子听自己的，父母在与孩子沟通时，需要关注孩子的反馈，以调整自己的沟通方式和内容。

目标

目标即沟通想要达到的结果。任何沟通都有一定的目的，哪怕只是闲聊，也是为了放松或维系感情而进行的。

父母与孩子之间的沟通，容易出现目标分散的问题。比如，父母看见孩子在玩手机，想让孩子去写作业，聊着聊着，可能就变成了"我们工作这么辛苦都是为了你，你就不能让我们省点儿心吗""学习不努力，家务也不做，你自己的房间自己不能收拾一下吗"。这场沟通的目标，便从"写作业"转移到"更懂事"，又转移到"做家务"。打仗尚且有"集中优势兵力"的说法，父母与孩子之间的沟通，却是一个目标还没实现，就出现了新的目标，沟通效果可想而知。

要想提高沟通效率，双方要采用"单一目标沟通"的方式，将目标逐一进行讨论。父母要提醒自己：尽量就事论事，只讨论眼前的事情，避免目标发散——还没把一个目标讨论出结果，又制造了很多新的目标。

背景

背景即沟通发生的环境。在不同的背景下，沟通内容将被赋予不同的意义，同样一句"你这人还差得远"，放在私人社交圈里，可能被认为是一句玩笑话；如果放在正式场合，则可能被认为是一种侮辱。

同样的话，父母在不同场合对孩子说，效果也不一样。比如孩子没考好，如果父母在学校当着很多同学的面批评孩子学习不努力，尽管孩子也知道自己学习不努力，但由于"失了面子",他并不会接受批评,而是会和父母争吵,这样的沟通就是无效的。父母应考虑孩子的感受,注意沟通的背景对沟通效果的影响,分场合说话,才有利于改善沟通效果。

了解了沟通七要素模型,父母也就清楚了,想让孩子听进去自己的话并付诸行动并不是一件简单的事情。

我在上文提到过,人的本性是服从感性大于理性,教育要想办法"以情动人"。父母提高亲子沟通质量的方法,就是努力"以情动人",改善教育效果。

有效沟通的三个基本原则是倾听、尊重、真诚。提高亲子沟通的质量也应遵循同样的原则。从基本原则中也能看出,父母与孩子之间的沟通效果差,与不倾听、不尊重、不真诚有关。接下来,我将介绍具体的沟通训练方式,帮助父母从倾听、尊重、真诚三个方面改善与孩子的沟通质量。

如实倾听:先听后说,建立改变的桥梁

"如实倾听"能够同时遵从倾听、尊重、真诚三个原则,提高亲子沟通质量。对于父母来说,最重要的便是做好倾听工作。从我辅导上千个青春期孩子的心理咨询经验来看,同样的话,我说时孩子愿意听,父母说时,孩子却不愿听。我并没有什么

特别的秘诀，我只是更愿意倾听孩子，给孩子表达的机会。

少说多听比一直说效果要好。如果父母能够给孩子更多的表达机会，让孩子感受到父母在用心倾听、用心对自己，孩子身上积极向上的情绪便被激发，父母在教育孩子时也将更省心省力。

"如实倾听"尤其适用于孩子有情绪的时候，这一方法可分为三步执行。

第一步，父母确认孩子的情绪，询问孩子："我感觉你现在_____（孩子的情绪），是吗？"

在空格处，父母可以根据孩子情绪的变化替换词语，其余沟通也按照这一固定句式进行。父母可以先观察孩子的情绪，猜测孩子当时是高兴、不开心还是烦躁……

询问孩子心情的作用非常大，会让孩子在情感上感到父母在关心他，有"以情动人"的效果。很多父母觉得自己为孩子付出了这么多，孩子却一点儿不体谅自己，这很可能就是因为孩子在情感上没有感受到关怀。

身为父母的你，是不是常听到孩子说"你只关心我的学习"？

询问孩子的心情，让孩子感到你关心他这个人，而不是只关心他的成绩、表现，这样孩子才会感受到你的爱。

第二步，询问事情："你愿意说说发生了什么吗？"

父母一定要观察孩子"愿不愿意"说，有些父母关心孩子的沟通方式是问"发生了什么事"，这种直接询问的方式谈不上对错，只不过有时候孩子不想说，父母这样问就会让孩子感到有压力。甚至有些父母在孩子沉默不答时，还发脾气，觉得：我好心关心你，你反而给我脸色看？

说不说烦心事是孩子的自由，如果父母强迫孩子说，孩子会感到自己不被尊重，容易产生逆反心理，感受到来自父母的压力，会让孩子远离父母。父母在询问孩子是否愿意说时，相当于把表达的主动权交给孩子，让孩子感觉受到了尊重。

如果孩子暂时不愿意说，父母可以告诉他，什么时候想说，可以随时来找自己。

用"什么"来询问，在沟通中被称为"开放式提问"。"开放式提问"还包括用"怎么""因为什么"等询问。和"开放式提问"对应的是"封闭式提问"，提问者经常使用"是不是""对不对""有没有"等词询问，回答者也只能回答"是"或"否"。

父母在与孩子沟通时，经常使用"封闭式提问"，如"你是不是上课没认真听讲，才不会写作业""是不是因为你没有遵守课堂秩序，老师才罚你"……"封闭式提问"看起来是在询问孩子，实际上，父母已经带着一种先入为主的观念，认定孩子做得不好、犯了错。如果孩子回答"不是"，父母可能会说孩子在狡辩。父母可以回顾一下自己和孩子的相处过程：自己在使用"封闭式提问"时，心里是不是已经有了一个答案？不管这个答案是不是事实，你都已经"未审先判"，在心里为孩子"定了刑"，认定就是孩子的问题。

"封闭式提问"只能回答是或否，如果实际情况并非这二者之一，孩子就会感到父母已经认定了是自己的问题，将不愿再和父母解释。因为孩子觉得解释也没用，所以干脆关闭和父母的沟通。如此一来，父母不知道发生了什么事，也就不知道应该怎么教育孩子。

相反，"开放式提问"没有预设答案，给了孩子自由回答的空间。

父母要多让孩子做"填空题"，而不是"选择题"，不要猜测发生了什么事情，而是让孩子主动告诉你发生了什么。

第三步，父母复述孩子陈述的事件和感受："你刚才说的是＿＿＿＿，你觉得＿＿＿＿（心情），是不是这样？"

父母通过复述来进行反馈，以确认自己的理解是否正确，也让孩子感到父母在用心倾听。即使理解有偏差，孩子也可以再解释。在"如实倾听"三步法的实践中，父母在整个过程中几乎没有说什么，主要是在倾听。如果父母坚持练习此法一个月以上，会发现它的效果远远好于不断说教。多说多错不如少说多听。下面我们来看一个具体例子。

日常对话

孩子："今天晚上我不想吃饭。"

妈妈："怎么能不吃饭？过来吃饭。"

孩子："我中午吃了很多，不饿。"

妈妈："中午是中午，晚上是晚上，快来看看有什么好吃的。"

孩子："我不吃。"

妈妈："你今天怎么回事？快过来吃饭！"

孩子："我不饿！不吃！"

"如实倾听"对话

孩子："今天晚上我不想吃饭。"

妈妈："我感觉你现在不太高兴，是吗？"

孩子："是的，我没有心情吃东西。"

妈妈："你愿意说说发生了什么吗？"

孩子："今天上课时，李明没经过我同意就拿走了我的笔，我想拿回来，李明不给，我俩就抢了起来，结果老师看见了，让我们罚站，我又没什么错！"

妈妈："你刚才说的是今天上课时，李明没经过你同意就拿走了你的笔，你想拿回来，他不给，你们抢笔被老师看见了，两人都罚了站，你觉得委屈、心烦，觉得老师罚你不公平，是不是这样？"

孩子："是的，我又没犯错，为什么要罚我。"

在第一段对话中，母子双方的情绪都越来越激烈。在第二段对话中，孩子在母亲的引导下说出了自己的真实想法，母亲便理解了，也能够体谅孩子；孩子感到被理解，情绪得到释放，双方便不会产生冲突。

在进行"如实倾听"的练习时，父母请先严格按照固定表达方式练习，即除了空格的地方根据实际情况变换，其余表述不变。我建议各位父母每天记录与孩子间的"如实倾听"对话，确保自己在按照正确的方式练习。

我辅导过的不少父母在刚开始练习"如实倾听"时，容易按照自己的理解，改变"如实倾听"的固定表达部分，结果表达的效果完全没有体现倾听、尊重，表达又变成父母的"一言堂"。父母在坚持练习两周以上后，如果觉得自己已经熟练掌握"如实倾听"的原则，可以再用自己的方式表达。

当父母用"如实倾听"的方式与孩子交流时，有些孩子感受到父母与自己说话方式的改变，会有些不习惯。这时候，父母可以告诉孩子：自己没有学习过如何成为"好父母"，现在想成为"好父母"，每天也在做家庭作业，改变说话方式就是其中之一。

有些父母可能练习了一两周"如实倾听"，觉得孩子没有发生改变，就认为这一方法没有用。此时，要注意，不是方法没有用，而是任何改变都需要循序渐进。就像医生在治病救人时，如果不顾患者的病情和体质，只想着用最快的速度治好病，可能误用猛药，使得患者病情恶化。

练习"如实倾听"的目的在于培养良好的亲子关系，进而为孩子的改变提供桥梁。它是一种"润物无声"的方法，旨在营造促进改变的环境，从而潜移默化地影响孩子。就像种子被埋在土里，人们若每天为它浇水施肥，给它提供良好的成长环境，它就能慢慢发芽，茁壮成长。

我信息表达：营造改变环境，融化"问题冰块"

"我信息表达"适用于当孩子的行为令父母无法接受时，比如孩子写作业拖拉、乱扔东西、不收拾房间等。"我信息表达"主要遵从"真诚"的沟通原则，让父母多一些情感流露，不再总摆出教育姿态，从而改善沟通效果，促使孩子发生改变。"我信息表达"的沟通方式如下。

"当你_____（父母不接纳的孩子行为）时，我感到_____（父母感受），因为_____（表述孩子对父母的影响）。"

"我信息表达"举例如下。

"当你写作业拖拉时，我感到很着急，因为我要陪着你写作业，还有家务要做，要很晚才能睡。"

"当你乱扔东西时，我感到很生气，因为我又要收拾房间，这样很辛苦。"

下面我们来了解一下，与日常沟通相比，"我信息表达"为什么能够产生更好的沟通效果。

以孩子写作业拖拉为例，父母通常会有以下反应。

批评指责："学习是你自己的事，你为什么不能自觉一点？"

批评指责："告诉你多少遍了，先写会做的，不会的留着等我教你，你怎么总是不听？"

谩骂："这么多不会写啊，你上课认真听讲了吗，用脑子了吗？"

威胁："两小时只写了这么一点点，你又想被罚了是吗？"

父母是不是有时会用批评指责、谩骂、威胁的方式与孩子沟通？这样的沟通效果是什么样的？

孩子会感到被否定，觉得自己能力不行；感到害怕、恐惧，学习效率更差。父母想让孩子产生改变，可是采用的沟通方式却在妨碍孩子改变！

再看看"我信息表达"为什么能促使孩子发生改变。

第一步："当你写作业拖拉时……"，陈述事实，就事论事，不批判。

第二步："我很着急……"表达父母的"弱情绪"，引发情感共鸣，让孩子体谅父母。

"弱情绪"指难过、伤心、无助之类的情绪，是相对愤怒、生气这样的"强情绪"而言的。"强情绪"通常是一种防御性情绪，它像一层盔甲，保护着更深层的"弱情绪"。

还记得本书前面提到过的"以情动人"吗？人的大脑有"情感共鸣"这一功能，人在面对别人的情绪时，会自动产生共鸣。如果父母表现出的情绪是愤怒、生气，会激发孩子恐惧、害怕的情绪，将无益于孩子的行为改变；如果父母表现出的是"弱情绪"，就会激发孩子与家长产生情感共鸣，从而使他们更愿意做出改变。

第三步："……因为我要陪着你写作业，还有家务要做，要很晚才能睡"，父母表达的是孩子的行为对他们的影响，而不是在指责孩子。

当父母用"你怎么样"这种批评指责的态度与孩子沟通时，将激活孩子的防御心理。在面对批评指责、感到被贬低时，为了维护自尊，人会自动抵抗别人的批评指责，关闭内心和环境交流的通道。这时候，不管父母说的话多么有用，孩子都没有真正听进去，也就不会产生行动上的改变。

如果父母不批评孩子，而是进行"我信息表达"，会有什么好处呢？在"我信息表达"的第二步，父母表达自己的情感，将促进孩子产生情感共鸣，体谅父母；在第三步，父母再表达孩子对父母的负面影响，将激活孩子想要帮助父母的心理，从而产生自我改变的动力。

帮助弱者是我们的天性。当孩子体会到父母的不容易并意识到自己的改变能帮助父母时，会更愿意做出行动上的改变。

教育的目的是让孩子做出改变，当父母"示弱"，流露情感，表达自己受到了负面影响，需要孩子的帮助时，孩子感受到的是"我要帮助父母"，而不是"父母要我改变"，并且感到自己有能力帮助父母，从而产生"我要改变"的想法。

和"如实倾听"一样，"我信息表达"也不会产生立竿见影的效果。如果把孩子的问题比喻成冰块，那么父母着急解决孩子的问题，寻找各种解决方法，相当于找工具敲碎冰块。"我信息表达"虽然不能敲碎冰块，但能提高环境的温度，让冰块融化。

父母改变孩子的动机总是特别强烈，在用"我信息表达"时，可能也抱有这种心态，觉得"我都用了'我信息表达'，怎么孩子还是不听话"。如果父母只是为了改变孩子而使用"我信息表达"，而不是真诚地表达自己的感受，"我信息表达"将失去真诚效果，其促进孩子改变的力量也会减弱。

在进行"我信息表达"时，父母只需要表达"我"，表达自己，营造有利于孩子改变的环境。父母可以记录"我信息表达"的内容，以采取正确的方式练习。如果父母能够坚持练习这种方法达一个月以上，一定会看到孩子的变化。

中立沟通：促使孩子想办法，增强改变的自主性

"中立沟通"适用于当父母与孩子产生分歧时。"中立沟通"是一种直接解决问题的沟通方法，遵循"尊重"的沟通原则，表达方式如下。

"我们遇到了一个矛盾，你不想_____，因为_____。但是我不想_____，因为_____。

你能想出一个让我们都接受的解决办法吗？"如果父母不同意孩子的解决办法，请说明理由，并让孩子继续思考。

中立沟通举例如下。

"我们遇到了一个矛盾，你不想先写作业，因为你现在想玩手机。但是我不想你先玩手机再写作业，因为你可能玩得忘记时间，不愿写作业，到时又会拖到很晚才把作业写完。你能想出一个让我们都接受的解决办法吗？"

如果父母与孩子的沟通中充满了要求、命令与强迫，就会让孩子感觉自己是在为父母而做一些事，他们将失去积极性，变得很被动。我们每个人内心都有些"叛逆"，哪怕面对的是对自己有好处的、自己也愿意去做的事情，如果它是被别人要求去做的，我们的内驱力也可能瞬间消失。

人的本性中，存在对自主性的追求。

"中立沟通"让孩子提出解决办法，满足了孩子的自主性需求。孩子做好了便可以证明自己有能力，自己的办法好，这将激发孩子的自主性，使孩子愿意行动。

"中立沟通"体现了父母平等、尊重的态度，这也是孩子愿意行动的重要原因。在"中立沟通"中，父母用一种商量、讨论的方式处理问题，而不是"一言堂"式说教，这也能够促使孩子积极做出改变。

如果父母之前长期习惯用命令的方式与孩子交流，现在突然采用"中立沟通"的方式，孩子会觉得有些奇怪，可能会猜测父母的目的，从而不愿意想办法。在遇到这种情况时，父母要对孩子说明白：之前直接要求孩子去做一件事时，孩子不情愿，双方经常发生争吵，现在父母希望做出改变，用商量的方式讨论出大家都能接受的办法。

在提解决办法的过程中，孩子可能只考虑满足自己的需要，不考虑解决问题，提出的办法也让父母很难接受。比如关于写作业，孩子会说先玩一小时游戏再写作业，对此父母自然很难同意，甚至感到很生气。在遇到这种情况时，父母一定要控制情绪（可进行本书前面提到的情绪练习）。因为商量本就是一个"讨价还价"的过程，商量的目的是找到双方都能接受的方法。

父母若不同意孩子提出的解决办法，可以直接说明原因。比如孩子希望先玩一会儿再写作业，但父母觉得孩子以前在玩耍之后总是没有心情写作业，一到写作业就会发脾气。在这种情况下，父母可以通过摆事实来证明孩子的方法行不通。注意一定是摆事实，而不能仅凭推测去否定孩子的办法，不然很容易引发争吵。父母原本是好意，想用经验让孩子知道他的方法行不通，自己提建议也是想帮助孩子完成任务，可是，父母需要明白，成长中的孩子对于自己的能力有一种"夸大的自信"。只有从经历中学习，孩子才会更加重视以往的经验，才具备在考虑未来时参考以往经验的能力，这种"夸大的自信"才会逐渐减少。

对孩子来说，这种"夸大的自信"不是"自我感觉良好"，而是"现实就是如此"。个体区分自己的认识、想法和事实的能力要到 30 岁左右才会发展成熟。正所谓"三十而立"，"立"的一部分就是指个体的心智更加成熟，更倾向于用现实检验自己的想法，而不是缺少根据地固执己见。孩子认为自己的想法就是"事实"，父母没法通过沟通加以改变。

明白了这一点后，父母在进行"中立沟通"时，如果发现孩子的办法解决不了问题，则可以直接摆事实，引导孩子寻找新的解决办法；如果孩子提出的办法之前没试过，但父母觉得孩子做不到，可以先使孩子尝试一下。如果尝试失败，父母可以用这一事实引导孩子意识到，他的想法有些夸大了。通过实践检验办法是否可行，通过成败的经验来教育孩子，远胜过父母在事情发生之前只从认识上劝说孩子。

"中立沟通"有时可能出现这样一种情况：父母与孩子就某种解决办法达成一致，可在真正实施办法时，孩子不按约定执行。比如，父母与孩子商量好，孩子每写完一门作业，可以玩 10 分钟手机再写另一门作业。结果，孩子玩了 10 分钟手机，还要再玩 10 分钟，不然就不去写作业。这种情况经常出现在刚开始使用"中立沟通"的方法之时。

在这种情况下，父母可以再次尝试进行"中立沟通"，不过通常效果不会太好，因为孩子正处于情绪化状态中。父母可以先用平常的方式处理，等到第二天孩子的情绪平复时，再用"中立沟通"的方法与孩子商量怎么解决问题。"中立沟通"并不是一个万能的方法，不能解决所有的教育困难，但若坚持使用，父母会发现教育孩子变得越来越轻松。

在"中立沟通"的过程中还可能出现孩子想不出办法的情况。如果遇到这种情况，父母可以提出自己的办法，然后询问孩子是否愿意尝试。注意一定要询问孩子是否愿意，否则就变成了命令和要求孩子。"尝试"会让孩子感到并不是一定要这么做，自己还有选择的空间，可以先试试看，再决定是否继续。这样的方式会让孩子更愿意接受父母的办法。

有些父母看到"中立沟通"能够直接解决问题，便觉得抓到了救命稻草，但从那些只用"中立沟通"的父母提供的反馈来看，我可以肯定地说这么做没什么用。

"中立沟通"虽然能够直接解决问题，但使这个方法行之有效的前提是父母的"尊重"。在孩子食言的情况下，如果父母没有进行过情绪控制训练，很可能会发火；或是当父母认为孩子的办法不行，孩子坚持认为可以时，双方容易发生争吵，父母将不愿意尝试孩子的办法并让孩子通过事实经历学习。如果没有"如实倾听""我信息表达"这些沟通练习训练，父母将很难真正做到尊重孩子。在沟通练习中，我建议父母先练习"如实倾听"和"我信息表达"，再练习"中立沟通"，这是我通过辅导上千个家庭，不断修改、总结出来的有效的练习顺序。父母在练习时需要循序渐进，不能急于求成。

在进行"中立沟通"练习时，父母可以将与孩子协商后确定的解决办法完整记录下来，与孩子一起签字并写上日期，作为证据。当孩子没有做到时，父母可以将协议拿出来与孩子商量解决对策。如果父母能坚持练习"中立沟通"一个月，孩子将产生肉眼可见的改变。

我没有教给父母一些像数学公式一样背下来就可以使用的"万能沟通句式"，因为不存在这样的诀窍。每个青春期的孩子都是独一无二的，"如实倾听""我信息表达""中立沟通"三个方法，可以帮助父母奠定良好亲子关系的基石，锻炼灵活沟通的能力。父母只有具备沟通的灵活性，才能适应青春期孩子的独特性，改善教育效果。

第五章

建立良好的亲子关系

亲子关系之于家庭教育，就像地基等房屋基本构造之于房子，属于看不见，也不会让你留下最深印象的部分，却是最重要的部分。如果房屋的基本构造存在问题，那无论装修得有多好、家具多么高端，都是无用功；如果亲子关系的基础没有被打好，那么不论多有效的教育方法都可能变得无效。

关系的建立是艺术，不是科学，没办法像组装汽车一样，将一个个零件按顺序安装好就行。关于良好亲子关系的建立，没有现成的可以让父母照做的步骤。

亲子关系的建立，关键在于父母对待孩子的态度，这种态度将在父母与孩子的日常相处中体现出来。前面提到的父母情绪控制和亲子沟通的练习也与良好亲子关系的建立密切相关。如果父母能坚持练习，亲子关系会得到很大的改善。下文将提供一些改善亲子关系的方法。

一举两得的家庭会议

"家庭会议"对于改善亲子关系非常有效，但父母要想运用好它需要掌握一些技巧。

家庭会议的技巧

平等沟通

这是家庭会议能够改善亲子关系的最基本、最重要的条件。家庭会议的主要目的，是提供一个让孩子和父母平等相处、平等交流的机会，让孩子能够平等地参与家庭事件的讨论。对于青春期孩子来说，家庭会议这一形式本身就可以满足孩子的平等诉求，减少孩子的逆反心理。

平时相处，很多父母习惯用父母身份"管教"孩子——主要是用"管"的方式。"管"意味着父母和孩子成了"上下级"：权力地位高的父母是管理者，权力地位低的孩子是被管理者。

父母的"管"让孩子感到约束，导致孩子产生反抗。孩子对父母的反抗，就像形成一道屏障，让父母的"教"很难进入孩子的内心。也就是父母的话，孩子听不进去，不会产生改变。要想让"教"有效，父母要少用"管"。可能不少父母会说："不行啊，你不管，孩子还不得翻天？"不是说不"管"，而是少用"管"，多用"教"。

家庭会议的形式，是父母与孩子平等商讨、共同决定。父母把对孩子的要求，变成全体家庭成员一致通过的决定。这样，孩子服从的便是集体决定。由于参与了决定的过程，孩子便不会觉得自己是在服从父母的"管制"，从而更愿意产生改变。

有些父母会把家庭会议变成对孩子的"批斗会"，这样做不仅无法使家庭会议产生应有的作用，反而会带来副作用，导致孩子不相信父母平等沟通的诚意，从而更加抗拒改变。

轮流主持

家庭会议应由家庭成员轮流主持。如果是多孩家庭，年龄还小的孩子可以不用做主持人。孩子有机会主持家庭会议，感到会议由自己主导、决定，他们才能真正感受到平等。否则，孩子参与家庭会议的积极性就会下降，导致家庭会议收不到好的效果——孩子需要认真投入家庭会议，才愿意执行相关决定。

同时，轮流主持也能锻炼孩子的能力。

民主决策

家庭会议的决议采取少数服从多数的原则，这样孩子才能感到公平。如果家庭会议的参加人数是偶数，比如二胎家庭，4个人投票表决出现 2∶2 的情况，那可以继续讨论，争取使某人改变想法。如果大家依然坚持自己的选择，可以采取抽签的方式决定。

家庭会议的主要内容

家庭会议主要讨论的内容有以下 4 个方面。

制定规则

召开家庭会议的一个重要目的就是制定规则。父母应把对孩子的期望放在家庭会议中进行讨论，形成集体决定，选择双方都能接受的折中方案。由于亲自参与了制定，孩子会更愿意遵守规则。

这里要注意，双方在制定规则的时候，要讨论不遵守规则的惩罚措施，父母尤其注意要让孩子参与这一过程。这样当孩子违反规则时，他会心甘情愿地接受惩罚。

　　家庭规则可以根据实际情况修改。有些情况可能是亲子双方在制定规则时没有考虑到的，若遇到这种情况，双方可以在下一次家庭会议中进行讨论。

　　比如，原本孩子计划每周六上午 9 点开始写作业，但有一个周六，家里来了客人陪孩子一起玩，孩子就没有写作业。到了晚上，父母让孩子把没写的作业补上，孩子却要看电视，不写作业。父母拿出规则要求孩子，孩子却说自己没写作业是因为家里来了客人，而不是自己不想写。父母和孩子各有各的理，僵持不下。

　　这里没有谁对谁错之分，重要的是在遇到困难时要解决困难、找方法解决而不是纠结于原因。父母不要因为没有一步到位地解决问题就觉得家庭会议没用，制定合适的家庭规则需要一个过程。家庭会议中的平等讨论过程对孩子有着教育作用。

　　即使父母想要修改已经制定的规则，也应先遵守规则。比如，原本商量好孩子在回家 10 分钟后开始写作业，但在执行时，孩子觉得自己连喘口气的时间都没有就要写作业，太累了，不想遵守规则。此时，父母要对孩子说明，规则是经上一次家庭会议讨论达成的，孩子必须遵守，即使有所不满，也要等到下次家庭会议时再讨论修改。这个过程是在教孩子灵活适应规则——规则不一定正确，可以被修改，但双方需要遵守流程，而不是采取不遵守的方式对抗规则。这样做有利于孩子适应社会，而不是只顾自己。

家庭会议除了应制定约束孩子的规则，也要制定约束父母的规则。父母可以对孩子提要求，孩子也可以对父母提要求，这样孩子才觉得公平。父母应与孩子一起执行规则，一起做出改变，这样孩子才会认可家庭会议的影响力，改变的动力也会更大。

制定的家庭规则一定是父母和孩子共同遵守的，不能采用"双重标准"。比如，孩子提出自己写作业时父母不能看电视的要求，父母如果做不到，就违反了规则。如果父母不能以身作则，家庭会议就达不到教育的目的。

问题讨论

家庭成员可以在家庭会议中讨论家庭中存在的问题，包括父母与孩子的关系，或夫妻间的矛盾。群策群力，一起想办法，家人之间的关系才会变得更和谐。

心理咨询中有个观点：问题本身并不是大问题，应对问题的方式才造成大问题。当家庭中存在问题时，若大家选择忽视，假装问题不存在，这种"掩耳盗铃"的方式就会让问题像毒瘤一样，越来越严重。例如，在有的家庭中，夫妻关系濒临破裂，但为了孩子，夫妻双方选择不争吵，甚至假装关系很好，只等着孩子高考后就离婚，这一现象也被称为"高考后离婚潮"。

生活在同一屋檐下，怎么可能一直掩盖问题？假装问题不存在，这样看似为了家庭好，可实际上让问题越来越严重。

把问题摊开讨论、解决，才更有利于家庭和谐。

决策讨论

遇到需要决策的事情，父母应让孩子有机会参与讨论，使其产生"主人翁"之感，这会让孩子感到自己长大了，从而增强孩子的责任感，有利于促进孩子做好自己的分内事。

家庭娱乐

节假日安排一些娱乐活动也是有必要的。家庭会议不能只讨论问题，也应该讨论一些开心的事情。家庭娱乐看似小事，但如果被放在家庭会议中讨论，会让孩子更加感受到平等，这有利于孩子用理智沟通的方式处理事情，而不是乱发脾气。

建议父母每周开一次家庭会议，可以将其安排在周末。

进行正强化训练，用好"罗森塔尔效应"

正强化训练，就是训练父母多看到孩子的优点，多夸奖、表扬孩子。心理学中有一个"期望效应"，又称"罗森塔尔效应"。

1968 年，美国心理学家罗伯特·罗森塔尔（Robert Rosenthal）等人来到一所小学，说要进行一项实验。他们从一至六年级中各选了 3 个班，对这 18 个班的学生进行了"未来发展趋势测验"。之后，罗森塔尔以赞许的口吻将一份"最有发展前途者"的名单交给了校长和相关老师，并叮嘱他们务必要保密，以免影响实验效果。其实，罗森塔尔只是撒了一个"权威性谎言"，因为名单上的学生是被随机挑选出来的。8 个月后，罗森塔尔及其助手对那 18 个班的学生再次进行测试，结果很意外：名单上的学生学习成绩都有了较大进步，并且性格活泼开朗，自信心强，求知欲旺盛，更乐于和别人打交道。

研究认为，出现这样的结果，是因为教师受到了实验者的暗示，他们不仅对名单上的学生抱有更高的期望，而且有意无意地通过态度、表情以及更多的提问、辅导和赞许等行为，将隐含的期望传递给学生，使学生更加自信，学习更加积极主动。学生的积极表现反馈给教师，又激发了教师的教育热情，给予这些学生更多的关照。如此往复，形成一种良性循环，这些学生的智力、学习成绩以及社会行为就会朝着教师期望的方向发展，使期望成为现实。

这种来自他人特别是老师和父母的期望，使人们的行为与期望趋于一致的现象，被称为"罗森塔尔效应"。

"罗森塔尔效应"提醒父母，不要只看到孩子的问题。如果父母只看到孩子的问题，只反馈孩子表现不好的方面，孩子将越来越缺乏自信，表现得越来越差；孩子表现得差，父母的批评也将增多，形成"恶性循环"，产生"消极期望效应"。

父母要看到孩子好的一面，善于发现孩子问题表现中的"例外"。例如，孩子一向写作业拖拉，缺乏主动性，需要父母不停催促，但有一天，孩子主动并且快速地把作业写完了。对于这种例外情况，父母应及时捕捉并及时进行表扬。

表扬孩子需要一定的技巧，而不是简单地对孩子说："你很聪明，一定可以做好。"

表扬要真诚

父母一定要发自内心地表扬孩子，切忌"假大空"式的泛泛夸奖，比如"你真聪明""你最懂事了"等等。再比如，孩子取得了好成绩，高兴地把试卷拿给父母看，想获得表扬，结果父母只顾玩手机，头也不抬，只是敷衍地说"真棒"，这样的表扬是没有用的。不要把孩子当成傻瓜，孩子能够感受到你的表扬是否出自真心。如果父母的表扬只是为了让孩子做某件事情，那不仅达不到预期效果，甚至会产生反作用。

你需要带着"发现"的眼睛寻找"例外"，留意孩子表现好的方面：孩子某天学习很自觉，回到家就很快把作业写完了；孩子某天的作业正确率很高，几乎没有错误；孩子某天写完作业在看书，没有玩游戏；孩子某次帮忙做了家务，某次自己整理了房间……

表扬要及时

如果孩子某天写作业很自觉，你本想表扬，结果忙起来就忘了，想着第二天再表扬也不晚。要注意，这样做的效果将大打折扣，表扬一定要及时。

表扬要具体

你不要笼统地说"你表现得很好"，应该具体一些，如对孩子说："你今天自觉写完了作业，没有让妈妈催，这样非常好；这道题很难，你凭借自己的努力把它解出来了，非常棒；你今天帮妈妈收拾桌子了，真懂事……"夸具体的事，孩子才会觉得你确实看到了他表现好的方面，这样的表扬才是有意义的。

建议父母每天进行这种正强化训练，每天寻找孩子值得肯定的一个方面，夸奖孩子。哪怕孩子当天表现得非常糟糕，父母也一定要找到一个孩子值得表扬的地方。父母对孩子的每一句表扬，都像一丝微弱的火光；无论火光多么微弱，积累到一定数量，都能照亮孩子的心。

亲子角色互换，教育效果"无声胜有声"

"角色互换"是指父母与孩子互换角色，让孩子体验当父母，父母体验当孩子，这样做的效果远胜父母对孩子说教千万遍！

人主要在体验中学习。没有体验，没有经历，说的再多也没什么用。这也是为什么，父母会经常对孩子说："我为你付出这么多，你怎么就不知道体谅我？"你让孩子体验一下当父母，让他知道当父母的辛苦，他便更能体谅你，更愿意听你的话。同样，父母有了当孩子的体验，也能更加体会到原来在教育孩子时没注意到的方面，从而做出改变。

角色互换可以选择在周末进行。父母应在孩子的能力范围内与孩子互换角色：孩子扮演父母，管理家庭，父母则扮演孩子，看谁模仿得像。

双方可以模仿对方个性化的言行，也可以对家庭中经常发生的场景进行情景模拟，比如在"孩子"写作业时，"父母"与"孩子"产生了争执——父母与孩子可以交换身份互相模仿，再现情境。

做过这个练习的父母通常会表示感触很大。有些父母说，他们在听到孩子学自己的口气说话时，才真正意识到自己的问题；有些父母说，从没想到自己在孩子心中是这样的形象；有些父母说，真正站在孩子的角度思考，才能体会孩子的感受；有些父母说，孩子不愿意学我，因为我的有些话太难听了，他说不出口，我不知道该怎么回答，孩子都知道那些话太难听，连表演都不愿意，我却整天那样说他……

| 第三部分 |
如何应对青春期常见问题

第六章

父母成长，孩子才能成长

家庭教育的系统角度

家庭治疗是应对青少年问题的一种非常有效的心理治疗方式。家庭治疗提出"家庭系统"的概念，即把家庭看作一个整体，而不是单个成员的简单叠加。家庭系统"牵一发而动全身"，任何家庭成员的问题，都会影响整个家庭系统，从而影响其他家庭成员。

家庭治疗所持的观点是，只有系统的问题，没有个人的问题。当青春期孩子出现问题时，家庭系统会提示父母，是整个家庭出现了问题，孩子只是家庭问题的"承担者"。因此，要想解决孩子的问题，父母需要一起做出改变。只有家庭系统的问题得到解决，孩子才能真正产生改变。

我将以最简单的父母和孩子构成的"关系三角形"来说明家庭系统。如果一个家庭中有一个以上的孩子，或者有其他家庭成员，家庭系统将更复杂。

和谐的家庭关系模式呈等边三角形，即父母双方与孩子间的关系比较均衡（见图 6-1）。

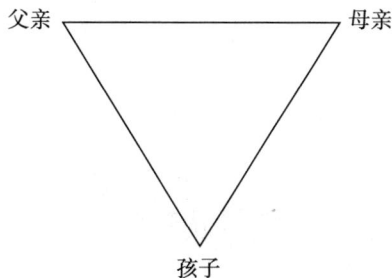

图 6-1 和谐的家庭关系图

家庭关系模式若不呈等边三角形，则表示家庭存在问题：父母双方与孩子间有两者关系较亲近，团结在一起，并且与余下的那一方关系比较疏远。

第一种情况是母子关系近，母子与父亲关系疏远（见图 6-2a ））。

a）母子与父亲关系疏远

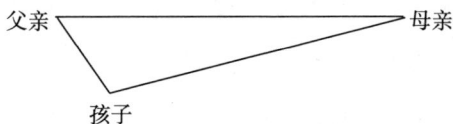

b）父子与母亲关系疏远

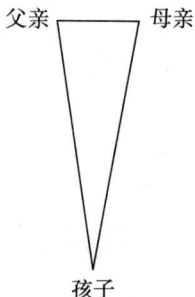

c）父母与孩子关系疏远

图 6-2　存在问题的家庭关系图

第二种情况是父子关系近，父子与母亲关系疏远（见图 6-2b ））。

第三种情况是父母关系近，父母与孩子关系疏远（见图 6-2c ））。

前两种关系模式提示父母间的关系存在问题。当父母间的关系出现问题时，孩子会无形中被拉到父母中的某一方，从而与一方关系亲密，与另一方疏远。

举个例子，如果父母关系不好，经常发生争吵，母亲就会把大部分精力花在孩子身上，加强对孩子的管教。母亲会认为自己是在关心孩子，想要教育好孩子，甚至会认为是因为孩子父亲对孩子的关心不够，自己才需要对孩子投入更多。这位母亲意识不到，自己出现这一行为的根源在于夫妻关系不和，自己无意识中想要与孩子拉近关系，以获得支持，即试图与孩子结成联盟，一同疏远孩子的父亲。

再比如，如果父母一方强势，一方弱势，孩子就会在不知不觉中支持弱势的一方，与其结成联盟，对抗强势的一方。常见的情况是父亲很强势，孩子与母亲的关系更亲近些，与父亲疏远，对父亲不满甚至怀有敌意。也有些家庭的情况刚好相反。

那么，父母之间的关系是如何影响孩子的问题的呢？我们可以这样思考：如果孩子的问题较突出，父母的注意力都集中在孩子身上，父母间的矛盾是不是就容易被忽视，至少会得到缓解？

比如，孩子某天没有完成作业，被老师叫了家长。在这种情况下，父母的注意力就转移到了孩子的问题上，父母间的争吵就会减少。这可能会让孩子觉得，自己的问题能够缓和父母间的关系，于是就故意做出问题行为，将父母的注意力吸引到自己身上，以此减少父母间的争吵。

当青春期孩子出现问题时，父母不能简单地认为是孩子自己的问题，也要反思孩子是不是父母问题的承担者，孩子是否在无形中被拉入父母的战争，成为父母矛盾的牺牲者。如果存在类似情况，父母必须先从自身开始，做出改变。

只有家庭系统的问题得到改变，孩子的问题才能真正得到解决。

在第三种关系模式中，父母与孩子之间的关系十分疏远，此时父母亟需着手改善亲子关系，如果一味盯着孩子的问题，便会陷入上文提到的"恶性循环"。关于改善亲子关系的方法，参见本书的第二部分。

影响教育的无形之手：原生家庭

"原生家庭"是指每个人成长的家庭，与之相对应的是"新生家庭"，是指我们成年后通过婚姻组建的家庭。原生家庭的概念，可能大家已经听过无数次，但关于它对教育孩子的影响，你可能比较陌生。父母的原生家庭对父母教育孩子有着根深蒂固且潜移默化的影响，并且十分容易被父母忽视。

> 对父母没有完结的情绪反应，永远是一生最重要
> 的未完成之事。
> **引自《家庭治疗：理论与方法》。**

一个人的性格、与人相处的方式等都带着原生家庭的烙印。在进入婚姻后，原生家庭对人的影响更加突出和深刻。婚姻不是两个人简单地组建新的家庭，而是夫妻双方带着各自原生家庭的烙印组建新的家庭。也就是说，通过婚姻组建的家庭，实际上是三个家庭的糅合（见图 6-3）。

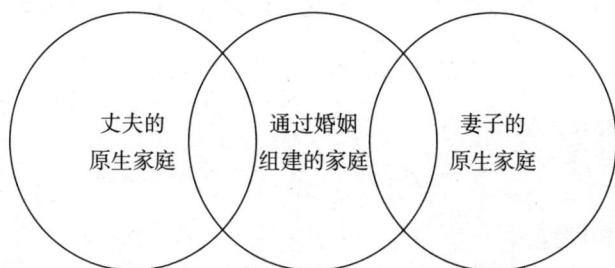

丈夫的
原生家庭

通过婚姻
组建的家庭

妻子的
原生家庭

图 6-3　婚姻是三个家庭的糅合

家庭的影响存在于每个人的心底，也决定了人们日后发展人际关系及组建家庭的模式。

由于夫妻双方都对自己原生家庭的态度、行为以及情感的规则深知且熟悉，怎么样都觉得生活在熟悉的规则中最舒服、最对劲。双方受原生家庭的影响，自然会在新的婚姻关系当中争取出头……在权力斗争日益恶化的同时，双方逐渐对"借对方来使自己完整"感到失望。由此，不论在意识或潜意识里，开始认为孩子才能帮助他们达到这个目的。父母的这种想法，就是产生问题孩子的开端。

引自《家庭会伤人：自我重生的新契机》。

原生家庭的教育方式，是父母教育方式的源头和参照学习的模板——父母也在学习自己父母的教育方式。父母的教育方式，通常与自己原生家庭的教育方式相同或相反，即分为相同型与相反型。

相同型

父母的角色是天然存在的，对于如何做父母、如何教育孩子，他们没有经历过培训。他们唯一接触过并且十分熟悉的教育方式，便是自己小时候父母教育自己的方式。因此，大多数父母都采用这一教育方式教育自己的孩子。

我经常听到父母说："我小时候也是这样被教育的，我用同样的方式教育孩子，怎么就"不灵"了呢？"

有位母亲告诉我，每次教育孩子前，她都会提醒自己不要说教、不要唠叨，要换一种方式，与孩子交心，可当孩子没做好时，她还是忍不住与孩子争执，孩子也常以沉默对抗。

这位母亲在了解原生家庭的影响后，发现在自己小时候，自己的母亲也总喜欢唠叨，虽然自己也很不喜欢这种教育方式，甚至说过将来一定不会用同样的方式教育自己的孩子，但没想到无意识中，自己还是变得和母亲一样。这就是原生家庭给人带来的潜移默化的影响——即使是不快乐的记忆，也会融入人在成年后构建的家庭模式中。

相反型

父母对孩子多采用忽视、打骂、批评、指责等消极的教育方式。在这样的环境中长大，孩子对父母积累了很多不满，会在心里形成自己对理想父母的期望，也会暗下决心，将来一定要用自己期望的方式教育孩子。他们会时刻提醒自己，不要让孩子和自己有一样的童年经历。这类父母在教育孩子时，会采用与自己的原生家庭相反的方式。

有些父母小时候家里条件不好，很多物质方面的需求没有得到满足，于是他们在成为父母后开始一味地满足自己的孩子；有些父母小时候很少得到表扬和鼓励，于是就不断表扬自己的孩子，甚至进行不切实际的表扬；有些父母小时候很少有父母陪伴，于是就恨不得将所有的空余时间都用来陪伴孩子，哪怕孩子感受到的已经是束缚……

原生家庭的教育方式对父母的教育方式没有绝对好坏的影响，重要的是，父母要认识到原生家庭的教育方式对自己的教育方式的潜移默化的影响，从而剔除不好的影响，只传递给孩子好的影响。

父母的开放性

青春期不只是孩子的特殊成长阶段，也是整个家庭的特殊成长阶段。不论基于家庭系统的角度还是原生家庭的角度，父母都需要陪伴青春期孩子一起成长。

要想提高青春期孩子的教育效果，父母自身成长、提高自身开放性非常重要。

开放性指的是，在他人与自己持有不同的观点、做法时能够保持包容、尊重、接纳的态度，不强求别人必须与自己一致。人与人之间之所以会产生争论，其中一个原因就在于人总是希望自己的观点可以获得别人的赞同，因此总是试图说服他人。当每个人都希望别人接受自己的观点时，分歧和争论自然产生。

为什么我们不能接受别人的观点与自己不同？

每个人都有自己的观点，这些观点构成一个人对这个世界的认知体系，让人觉得这个世界是熟悉的。当发现别人的观点与我们不一致时，这个熟悉的世界中将出现我们不熟悉的部分。熟悉、稳定带来安全感，差异、未知会让人产生恐惧。要想接受新的看法，人此前原有的、稳定的对世界的认知体系必将受到破坏。

我们过度执着于稳定带来的虚假安全感，因此，每个人都倾向于拒绝接受别人的意见，坚持自己的观点，并努力说服别人接受自己的观点。从这一点可以看出，影响一个人开放性的深层根源是安全感。

只有安全感得到满足的人，才能对这个世界报以更多的信任，从而对世界的未知也持信任和开放的态度。

本书第一部分说过，孩子在进入青春期后，开始真正从自己的角度去思考和寻找自我价值。对于父母的说教，特别是父母强加给他们的要求，他们尤其会反抗，在他们眼中，那是在否定和妨碍他们对自我价值的追寻和重新确立。由于心智尚未发展至成熟，青春期孩子在追寻自我价值和寻找未来方向的过程中，有可能暂时偏离正轨，迷失方向。成长需要探索，需要有试错空间，如果丝毫不允许犯错，就会扼杀孩子的成长和发展。这也是为什么青春期孩子的父母需要提高开放性。

孩子一直在前进，父母不应因孩子一时走错了方向就阻止孩子前进。父母需要做的，是当孩子持续出现偏离正轨的行为时，帮助孩子调整方向，让他能够朝着正确的方向前行。

如果父母缺少开放性，坚持用某些"正确"标准要求孩子，不给孩子提供试错空间，将激发孩子的逆反心理；如果父母具有开放性，能以包容和接纳的态度灵活面对孩子在青春期的探索和变化，那么即使孩子一时迷失，出现一些偏离正轨的行为，父母也能够看到孩子好的一面，从而引导孩子，而不是一味地否定孩子，这样孩子才更有可能从自己的经历中学习。

开放性能够使父母"以万变应万变"，即在面对青春期孩子的矛盾、多变、突发情况时，灵活处理。

放手的爱

本书第一部分提到过，青春期是个体为进入成年人社会做准备的一个过渡阶段。进入青春期后，孩子会努力挣脱父母的管教，追求独立性，追求对人生的掌控。但他们半成熟、半幼稚的特点又使得他们还不能很好地进行自我管理。并且在这个阶段，孩子高度以自我为中心，这导致他们很难看到自己的不成熟，总认为自己是正确的，父母的管教是压迫、束缚、妨碍。父母看到的多是孩子的不成熟，而孩子则觉得自己"足够成熟"，这不可避免地会引发亲子间的冲突，父母也会因此觉得自己不被理解。

需要注意的是，父母对孩子投入全部的关注和爱将让父母很难客观看待自己的做法是否真正有利于孩子的成长。父母用心良苦，并不意味着孩子必须接受好意。有个孩子曾对我说："这是我爸妈自己要这么做的，又不是我逼他们的。"可能很多人会说这个孩子不懂感恩，但换个角度看，孩子说的是实情。父母的付出有时是父母单方面的行为，并不是孩子要求的，孩子当然有权利不接受。

孩子与父母之间需要一个恰当的心理距离。如果父母对孩子的关心和关注太多，孩子必然会远离父母，以维持一个让他感到放松的距离。父母走近一些，孩子就会远离一些。因此，父母需要放宽管教孩子的尺度，以适应孩子对心理距离的需要。尤其是当孩子出现问题行为时，如果父母表现出过度担心和关注，就会在无形中对孩子造成压力，导致孩子想要逃离，这反而加深了孩子的问题。

父母需要注意，不要把自己的生活重心全都放在孩子身上，否则对孩子的成长一定是弊大于利的。父母需要培养在教育孩子之外的个人生活，给予青春期孩子较宽松的成长空间。父母要试着克制自己对孩子的担心，学会放手。

放手对很多父母来说都很困难。但父母若难以放手，孩子的问题将越来越多。此外，父母难以放手也可能有其自身的原因（这一原因可能父母自己都没有意识到）：孩子在进入青春期后独立性增强，一改小时候对自己的依赖，开始与自己"分离"，父母为此感到不安——不是孩子不适应与父母分离，而是父母不适应与孩子分离。

这种不安和不适应，使得父母对孩子进行更多的管教，想把孩子留在自己身边。他们会问孩子学习成绩如何、交的朋友都是谁、今天和谁出去玩等，还会自作主张帮孩子报各种培训班……除了担心孩子学坏，为孩子的未来着想，这些行为还表明父母希望掌握孩子的情况，掌控孩子的时间，避免孩子独立性发展而给自己带来"分离感"。

在孩子学走路的年龄，如果父母一直牵着孩子的手，孩子将永远学不会走路；如果父母放手，孩子尽管会摔倒，但最终还是会在跌跌撞撞中学会走路。

放手，也是一种爱的表现。

第七章

没有问题就没有成长

本章可能是父母最感兴趣的一章，我会针对父母最常遇到、最头疼的一些青春期问题提出解决方法。不过，我不得不再次提醒各位父母：如果跳过第二部分的练习，指望只用这一章的方法让孩子产生改变，很有可能不会成功。

如何处理厌学问题

孩子的问题基本上都是在影响到了学习时，才会被父母重视，如果学习没受到影响，相关问题很有可能不被重视。

俗话说："先成人，再成才。"孩子的成长教育远远不是"学习好"就够了。如果父母"唯成绩论"，只重视孩子的学习,那么孩子即使成绩再好,也不一定过得幸福。父母若想要孩子未来的人生更加顺利,必须重视其成长的各个方面。

"学习"助力孩子人生有一定的高度,使其获得一定的社会成就;"心理健康"保障孩子人生有一定的厚度,让孩子在登上高峰后,可以稳稳地站住。关于如何保障孩子的心理健康,可以看看我的另一本书——《父母不知道的教育》。

一些父母之所以对孩子厌学感到很担心,主要是因为学习关系到孩子未来。可他们忽视了一点:好成绩不等于成就高。我们可以观察那些获得较高社会成就的人,他们上学时有很多不是班上的尖子生。其实,教育中存在一个"第十名效应",这一说法由杭州市的小学老师周武提出。1989 年,杭州市天长小学的老师周武受邀参加一次毕业学生的聚会。当时他暗自吃惊,那些已经成为副教授、经理的学生,在学校时的成绩并不十分出色。相反,那些当年成绩突出的好学生,如今却表现平平。

这个现象引发了周武的好奇,他开始追踪毕业班学生,历时 10 年,对 151 位学生进行了追踪调查。周武发现:前 3 名之后,第 10 名前后到第 20 名的学生,在后来的学习和工作中会表现得更加出色,并成为"栋梁型"人才;相反,那些当年备受老师喜爱、成绩数一数二的优秀学生,长大后却多淡出优秀行列,甚至在其后的升学、就业等方面屡屡受挫。针对这种现象，周武提出了"第十名效应"。

父母如果稍微思考一下"第十名效应"，便不难理解那些成绩中等偏上、并非最好的学生，为什么反而在进入社会后能取得很好的社会成就。

排第一名的学生需要承受被追赶的压力，要努力保住第一名，如果其长期考第一名，大家便会觉得他拿第一名是应该的，不是第一名反而不正常。如果拿不到第一名，父母也可能会表示不满，甚至对孩子大加指责；来自老师的关切也会让孩子心生愧疚，倍感压力；同学看到第一名"跌落神坛"，也将议论纷纷。对第一名来说，来自父母、老师、同学的压力很大。

成绩排前三、前五的这些有望争取考第一名的学生，则承受着追赶的压力。他们争取每一个前进的名次，也包括第一名。父母、老师、同学觉得其有争第一名的潜力；他们自己的心气也很高，一直在盯着第一名的"宝座"。

这些学生一直承受着竞争压力，容易出现"想赢怕输"的心态，心理调节的能力容易较差，承受挫折的能力也容易较差。同时，由于专注于学习上的竞争，他们在人际交往、处理现实问题等其他方面的能力没有得到足够锻炼。进入社会后，不论心态方面还是能力方面，他们都很难灵活地调整自己，也就难以取得高社会成就。

　　反观那些成绩排第十名左右的学生，他们有着不错的智力基础，感受到的心理压力也没有那些成绩更好的学生大，心灵获得更自由的成长空间，这使这些学生多方面的能力得到发展，包括人际交往能力、抗压能力、情绪调节能力等。他们在进入社会后，也能更好地适应社会，在社会中继续成长、厚积薄发，获得的社会成就会越来越高，与当初学校的"尖子生"拉开的距离越来越大。

　　"第十名效应"带给父母的启示是，帮助孩子努力学习是有必要的，但不要只盯着成绩。在学校学习书本上的知识只是"学习"的一部分，父母真正需要培养的是孩子的"动态学习"能力，要使孩子能保持好奇心，持续学习。

　　学习书本知识是一种"静态学习"，关注对内容的掌握程度，通过考试检验学习情况，试题也有标准答案。可孩子在进入社会后，在工作、生活、人际交往等各方面面对的都是不确定的问题，没有标准答案，甚至连"解题思路"都没有。父母只有培养孩子"动态学习"的能力，即持续学习、灵活应用知识的能力，孩子才能很好地解决问题、适应社会，取得较高的社会成就。

　　培养学习能力的方法包括发散思维法、归纳法、演绎法等，这方面已经有很多图书论述分析，本书不再赘述。接下来，我将重点介绍几个对培养孩子学习能力很重要又容易被父母忽视的方面。

父母容易忽视的重要方面

好奇心

好奇心是孩子学习的原动力。好奇心会推动孩子探索新事物、学习新知识。父母如果能在孩子心里种下好奇心的种子，并小心呵护种子的成长，对孩子的培养就成功了一大半，因为孩子会不断地自主学习。

青春期可以说是孩子自发孕育好奇心的阶段。在这一阶段，孩子习惯多思考，形成自己的想法。如果父母能够平等地与孩子相处，即使孩子的想法不成熟，也愿意与其真诚沟通，孩子的好奇心便能得到发展。父母可以多采用本书第二部分提到的亲子沟通方法进行练习。

开放教育

"开放教育"是指父母与孩子的沟通能够时刻保持开放性。父母不要让孩子感到自己必须听从父母的命令，父母的看法是唯一正确的，而要允许孩子有不同的想法。

如果父母传递给孩子的态度是"所有问题，只有一个正确答案"，孩子的思维就会受到局限，陷入"非对即错"的陷阱。可现实是，很多问题都有多种可能性。只有父母保持开放性，允许孩子自己探索、思考，孩子才会愿意不断学习，不断接触新知识。

在实际教育孩子的过程中，父母可以多询问孩子"你怎么看""你是怎么想的"。如果对于某个问题，父母也不知道答案，就坦诚承认自己不知道，并询问孩子是否可以去找找答案，找到了再来教自己，激发孩子探索、学习的欲望。

独立思考

我们生活在一个信息爆炸的时代，智能手机的普及让我们每天都接触大量信息。如果我们缺乏独立思考的能力，就容易迷失在大量的信息中，无法将碎片化的知识转变为自身的能力。"独立思考"使人们能够将所学知识整合成知识体系，进而得到解决问题的能力。这样一来，"所学"能有"所用"，"所用"又继续提高"所学"的能力，个体的学习能力将进入一个不断提升的良性循环。

想培养孩子的独立思考能力，离不开父母的开放性。青春期孩子都有自己的想法，这很考验父母的开放性是否足够。父母需要持续练习本书第二部分提到的情绪管理和亲子沟通方法，真正做到培养孩子的独立思考能力。

接下来，我们来谈谈孩子的"厌学"问题。

青春期厌学是常见问题。我在工作中接触过一些父母，他们完全不顾孩子的学习基础、学习意愿、学习能力等情况，要求孩子必须努力学习考大学。在他们看来，只要孩子好好努力，就一定可以学好。这种想法其实是不切实际的。进入中学（尤其是高中）后，孩子原有的学习基础、学习方法、学习动力、学习能力等方面对学习的影响都大大增加。除此之外，学习还与一个人的记忆能力、理解能力、抽象思维能力等的好坏有关，不同孩子在这些方面的能力也不同——这些都是父母督促孩子学习时必须正视的问题。总之，要想孩子学习好，仅付出努力是不够的。

在孩子迷茫时，父母要做的不是逼迫孩子学习、考大学，而是利用自己的人生经验，弥补孩子思考未来时的不全面、不成熟和不理性，帮助和陪伴孩子找到真正适合自己的方向。

举例来说，现在很多孩子喜欢玩网络游戏，声称要成为职业电竞选手，觉得那样既能玩游戏，又能赚到钱。不少父母对此只是一味反对，觉得这属于"不务正业"。我在与这类孩子沟通时，从不轻易否定他们的这种想法，我只是询问他们对职业电竞选手的工作有多少了解。通常，这类孩子并不了解职业电竞选手的工作，只是想当然地觉得他们的工作就是玩游戏。我告诉他们，职业电竞选手需要每天面对电脑超过 10 小时，在练习时精力需要高度集中，手指操作要非常快速，由于长时间久坐，很容易患上颈椎病、腰椎病等职业病，视力也容易受损。而且职业电竞选手的职业寿命一般只有 3 ~ 4 年，很少有超过 25 岁的职业电竞选手，因为很多人由于长期训练，身体健康出了问题，无法再继续工作……在了解这些之后，很多孩子就会自动打消成为职业电竞选手的念头。

青春期厌学的不同类型

青春期厌学有不同的类型，父母应针对不同类型采取不同的应对方式。

意义型

青春期是孩子自我意识高涨的阶段，孩子在进入青春期后会思考很多有关"我"的问题，追寻意义和价值。对于与自己有关的事情，他会思考"我为什么要做这件事""这件事对我有什么意义"。这一青春期特点也将影响孩子的学习，他会思考：我为什么要学习？

如果孩子片面地认为学习只是为了应付考试，为了取得高分，就会倾向于认为学习是一件无意义的事情，对学习提不起兴趣。即使他想到学习是为了考上好大学，毕业后找份好工作，在看到一些大学毕业生找不到工作、生活得不如意以及一些人没上大学也过得很好时，也会觉得没必要努力学习。思维的片面性导致青春期孩子容易以偏概全，受到负面信息的影响。这一阶段的孩子也容易走极端，难以通过多个视角看问题。

出现"意义型"厌学的孩子是青春期孩子独立思考能力发挥作用的表现。在面对这种类型的厌学时，父母不应对孩子的观点完全加以否定，而应肯定其中体现孩子独立思考的部分。对于"意义型"厌学，父母需要调整的是孩子对学习的认知偏差。

父母可以上网了解一些名人成功背后的经历并与孩子交流。比如一些知名企业家只有小学文化水平，为什么能成就了不起的事业？这不是因为他们不读书，恰恰相反，正是因为文化水平低，他们才更加努力地学习，每天工作之余挤出时间，刻苦学习企业经营管理方面的知识，不断提高自己，在经历种种失败之后也不气馁，这一系列努力才使得他们取得后来的成就。

调查显示，在高收入人群中，大学及以上学历的人占比远高于未上大学的人。父母可以用数据和事实说明读书的价值，让孩子意识到，没读书而取得成就的人只是少数，对更多的人来说，要想取得成就，最便捷和可取的方法就是读书求学。

我在工作中面对持"读书无用论"的青春期孩子时，常常打这样一个比方：大学就好比一张桌子，假设一个人原地起跳能达到的高度是 1.5 米，而大学这张桌子的高度是 1 米，那他站在这张桌子上就能跳到 2.5 米。但如果他认为自己考上大学就可以万事无忧，从而躺在桌子上睡大觉，那他能达到的高度就只有桌子的高度——1 米。相反，如果他在大学继续努力，那大学将使他的原地起跳能力更强。

我不会轻易否定孩子不想读书的想法，因为从孩子的目标来看，不论他是否想读书，他都在追求更好的生活，这没有错。我要做的是帮助孩子认识到：如果不读书，他需要付出什么才能达到这一目标；如果读书考大学，他又需要付出什么。人都是"趋乐避苦"的，在对这个问题有了深入的思考和认识后，大多数孩子都会表示愿意读书考大学，走能更轻松实现目标的路。但也有些孩子仍旧选择不读书的道路。这时候父母要明白：既然孩子清楚了利弊，也愿意选择更难走的路，这是孩子自己做出的选择，父母需要支持他。

压力型

孩子进入初中后，背负的学习任务比小学时要重得多。学习科目增加一倍以上，学习内容、学习难度，包括作业量也在成倍增加，这些都为孩子带来不小的压力。同时，学校里的大考、小考，父母、老师的期望，同学间的相互比较以及孩子自己对学习的期望，方方面面都在形成压力。巨大的压力和无助感可能会让孩子不堪重负，从而厌学。

这时候，父母切忌对孩子说"你要坚持，继续努力，成绩一定可以提高"之类的话，这种空洞的安慰容易刺激孩子，让他更加觉得自己无能，从而情绪再次爆发。

一次次努力，一次次失败，长期体验挫败感使这类孩子积累了大量的负面情绪，导致他们变得容易被激怒。在青春期，孩子本就对父母有对抗心理，而"压力型"厌学的孩子更是如此。他们长期处在负面情绪中，更容易与父母爆发冲突，父母的建议也因此难以奏效。应对"压力型"厌学，我建议父母求助于心理咨询师，借助家庭之外的专业力量帮助孩子。

放弃型

这里要说的"放弃型"厌学属于孩子主动放弃学习。尽管"压力型"厌学也属于放弃学习的一种，但属于被动放弃学习。

"放弃型"厌学的孩子通常也想取得好成绩，想获得父母、老师、同学的肯定，但由于学习基础薄弱、底子差，总觉得自已赶不上进度，努力也没有意义，于是放弃努力学习。

对于"放弃型"厌学的孩子，父母要紧紧抓住孩子"想学好"这一点。青春期是一个重新建立价值观的阶段。在这个"有破有立"的阶段，一个小学时对学习提不起劲的孩子，可能会因为某些原因改变想法，想要认真学习。对此，父母不用去追究原因，只需要抓住这一契机，持续激发孩子的学习热情，帮助孩子取得好的学习结果。这就像滚雪球，如果小雪球已经形成，父母只需要轻推一下，当雪球开始滚动时，它会越滚越大。

父母可以通过如下方法帮助孩子。

寻找进步之处

父母不应空洞地激励孩子继续坚持，而应寻找孩子实际进步的方面，比如孩子的成绩虽然未达预期，但是有了进步；老师表扬了他这段时间的学习表现，孩子的努力获得了老师的认可；写作业效率有所提高；孩子在觉得难学的科目上，已经消化了不少知识点；难做的题目，孩子也独立做了出来……

父母在引导孩子看到自身进步时，可以和孩子讲讲养花的故事：花的种子被种在土里，养花人第一天浇水，第二天浇水，第三天浇水，种子还是没有发芽。但养花人没有看到种子发芽，不代表种子没有生长。种子一直在努力生长，只不过前期需要较长的时间来积蓄力量。当它破土发芽后，就会以非常快的速度生长。学习也是一样，前期的积累需要较长时间，有进步，说明方向是对的，继续浇水，自然会看到花开。

帮助孩子改善学习方法

孩子可能在学习方法上还有改进的空间，父母可以帮助孩子改善学习方法，助其提高学习效率，收获好的学习结果。

不适型

中学阶段学习任务重、学习难度大，而对书本知识的学习依靠孩子的记忆能力、逻辑思维能力、抽象能力、理解能力等。每个人的能力不同，有些孩子不能很好地适应对书本知识的学习，就会对学习失去兴趣，毕竟人很难对自己不擅长、总带来挫败感的事情感兴趣。

面对这类孩子，父母应注重培养他们突出的能力，让孩子的优势得到充分发挥，而不是非要弥补孩子"书本知识学习"这方面的短板。这就好像要求篮球运动员踢足球，那他很可能既踢不好足球，也打不好篮球。

懒惰型

"懒惰型"厌学与孩子的能力关系不大，孩子不是"不能"，而是"不为"。这类孩子因从小在家里受到宠爱等各种原因，养成了好逸恶劳的个性。他们知道学习的价值，也想要获得好的学习成绩，但是不愿意辛苦付出，他们希望自己轻轻松松就能取得好成绩，发现无法实现后，就选择了放弃，得过且过。

现在的孩子成长环境较好，缺少磨砺。他们只尝过学习的苦，因为没有其他苦来对比便觉得学习最苦。即使他们在网上、电视上看到其他人生活艰辛，有所触动，这种观察而得的体验也不够深刻、持久。有的父母会带孩子体验拾废品、搬砖，试图让孩子意识到学习才是一条更轻松的路。这是一种不错的做法，孩子只有亲身体验过那些更辛苦的工作，才会感受到学习的意义和价值。

"懒惰型"厌学是孩子好逸恶劳的一种表现，有着根深蒂固的形成原因。如果体验了更辛苦的工作后，孩子仍然厌学，父母便不应再想着改变孩子，而是要下狠心让孩子学习一门谋生技能，将来能够靠自己生活。

如何处理写作业拖拉的问题

网上有很多关于孩子写作业的段子。

不谈作业，母慈子孝；一谈作业，鸡飞狗跳，让老人血压升高，让邻居不能睡觉！

陪儿子写作业，从一年级陪到五年级，终于被气到住院，还做了心脏搭桥手术。想来想去还是命重要，作业什么的，就顺其自然吧。

晚上 10 点多，楼上传来一个女人的咆哮声："什么关系？说！到底什么关系？"我那颗好奇的心疯狂地跳跃起来，趴到窗台上，支起耳朵认真地听着下文。女人气愤地喊道："互为相反数啊！"我默默地关上了窗户。

每次我教儿子时都会和老公吵一架，他常说我总鬼叫，烦死了。每次我都说让他来教，终于有一次他说："我来就我来，你看着！"然后没几分钟就气得把凳子摔了，说算了，还是你来吧。

…………

每天晚上写作业的场景，都是一个"大型家庭伦理剧"现场！

对于孩子写作业拖拉的问题，父母通常采用的做法就是催、骂、打"教育三板斧"（见图 7-1）。

图 7-1 "催、骂、打"教育三板斧

第一步：催促

不停地催促孩子"快点写""专心点"……父母说着烦，孩子听着也烦。通常催促没用，孩子无动于衷，父母进入第二步。

第二步：吼骂

催没用，父母便开始吼，音量升级，继而转变为骂孩子。骂可能一开始有点用，但时间长了，也不管用了。于是，父母进入第三步。

第三步：打

若骂也没用，父母将使出终极撒手锏——打。打虽然会招致孩子怨恨，但至少短时间内是有用的。打的次数多了也没用了。父母只得再次耐心劝说、催促，进入新一轮的"催—骂—打"循环。

人们常常对无效的解决问题的方式，付出加倍的努力，并且相信，只要有更多、更努力、更好的付出，问题终将得到解决！

引自《家庭治疗：理论与方法》，有修改。

孩子为什么拖拉

要想解决孩子写作业拖拉的问题，父母必须找到问题的关键。

作业是什么？

父母认为作业是孩子需要承担的"分内事"，是其作为学生的义务和责任，在一定程度上也代表了学习成绩，意味着孩子将来是否能考上好大学，找到好工作。

请问各位父母，你们是在什么年纪，能够完全在责任的驱使下自我督促，甚至强迫自己做不想做但又必须做的事情的？你们在十几岁的时候能做到吗？你们会不想玩只想学习吗？

答案通常是否定的。仅靠责任推动自己去做不想做的事情，需要极强的意志力。意志力水平受大脑前额叶发育情况影响（具体我会在"如何提高孩子的自制力"这一节介绍），孩子的意志力水平有限。"责任"对孩子的激励作用远不如对成年人大。父母在强调写作业是孩子作为学生的责任之前，需要先培养孩子的责任感。

不论父母如何向孩子强调写作业对未来的重要性，孩子可能都不能完全理解，因为他们没有相关社会经历。没有社会经历的孩子就像一辆没有汽油的汽车，只是一个空壳，没有动力前进。这也就是为什么父母对孩子谈学生责任难以解决孩子写作业拖拉的问题。

那么，对孩子来说，作业意味着什么？

意味着做题、背书等既没什么乐趣又辛苦、费劲的事。谁会对既无趣又费劲的事情充满干劲、积极主动呢？所以孩子写作业不积极也很正常。人人都有惰性，我们要克服惰性，而不是消灭惰性。

激励机制及其原理

我们在前面提到，趋乐避苦是人的天性。懒和贪玩都是人的天性，逃避学习的辛苦也是人的天性。父母想通过改变孩子懒、贪玩、不爱学习的天性来解决孩子写作业拖拉的问题，无异于选择了一条最难走的登山路。

有些父母可能会问："既然是天性，所有的孩子写作业都应该拖拉，为什么有的孩子写作业很自觉，一点不用父母操心呢？"确实如此，但这并不是因为这些孩子改变了懒、贪玩、不爱学习的天性，而是因为他们的学习动力足够强。常见的学习动力包括父母、老师的表扬，同学的羡慕等精神奖励；奖状、奖品等物质奖励；学习成就感带来的自我满足；等等。

寻求自我价值感的满足也是人的天性。自我价值感通常源于重要他人的肯定，对孩子来说，就是父母和老师的表扬与奖励。为了获得自我价值感的满足，孩子会努力去做父母和老师期望他做的事情。如果孩子发现自觉且高效地写完作业能够得到父母和老师的表扬与肯定，孩子就会越来越自觉、高效地写作业。

写作业不拖拉、取得好成绩、被同学羡慕对孩子来说也是一种激励。这种激励，连同老师、家长的表扬和奖励，被称为孩子写作业不拖拉的"外在精神奖励"，而学习成就感则是"内在精神奖励"。

渴望获得成就感也是人的天性之一。当孩子解出一道难题，或是用 1 小时高效写完往常需要 2 小时才能写完的作业时，所获得的成就感能够激励孩子自觉、高效地写作业。

除精神奖励之外，物质奖励也会发挥作用，对于这一点，父母的感受会特别明显。比如你对孩子说，多长时间内写完作业，就可以玩手机，或是答应给他买他想要的某样东西，或是答应带他出去旅游，那么孩子保证会认真写作业。物质奖励能够直接满足孩子的需求，对孩子的激励效果是立竿见影的。

孩子写作业时如同在拔河：逃避写作业的天性成为孩子写作业的阻力，推动孩子自觉、高效地完成作业的奖励成为孩子写作业的动力。阻力和动力时刻在较劲，在"拔河"。

这种"拔河"会让孩子出现四种表现。

- 当阻力远大于动力时，阻力占上风，孩子可能完全不写作业，比如只玩手机。

- 当阻力和动力势均力敌时，孩子会有时写作业，有时不写作业，全看当天的"拔河"结果。父母会感觉孩子写不写作业全凭心情。

- 当动力稍微大于阻力时，孩子会写作业，可是会拖拖拉拉地写，因为动力虽然战胜了阻力，可是优势微弱，属于

"险胜"，动力不够强。

- 当动力远远大于阻力时，孩子会主动完成作业。

了解了孩子写作业时的心理，父母也就明白了孩子为什么会写作业拖拉。这种表现在心理学上被称为"妥协形成"：动力和阻力"各退一步"，表现出来的就是写作业但又不好好写，写得十分拖拉。

由此可见，要想真正解决孩子写作业拖拉的问题，父母要做的不是减少阻力，改变孩子懒、贪玩、不爱学习的天性，而是增加精神奖励和物质奖励，提高孩子写作业的动力。

父母具体怎么做

在孩子写作业时，父母可以注意以下几点。

- **留心观察一些"例外"情况**。如果孩子哪天没有拖拉，或者明显比之前表现好，父母要及时观察到，抓住机会对孩子进行激励，并询问孩子效率提高的原因，让孩子体验到自豪感。

- **夸孩子表现好的方面**。比如，孩子的字迹很工整；写作业的准确率有所提高；在遇到难题时努力思考，哪怕没解出来也在努力；或是孩子最终靠自己的努力，解出了难题；孩子在写作业时，没有像往常一样，坐下没几分钟便上厕所、喝水、找笔……

- 父母可以努力寻找孩子写作业过程中表现好的方面，真诚、及时地表扬孩子，这样做即使不能直接让孩子写作业不拖拉，但却能够一点点地增加孩子写作业的积极体验，提高孩子写作业的意愿。

- **及时表扬**。父母应及时表扬孩子写作业过程中表现好的方面，留心观察孩子写作业的过程和作业完成情况。如果父母对于孩子写作业这件事只看重结果，不关注过程，在孩子写作业时自己玩游戏，或者只关注孩子写作业的速度快慢、正确率，不关注细节部分，将很难发现孩子身上值得表扬的地方。

进行物质奖励时的注意事项

"物质奖励"可以改变孩子写作业拖拉的情况，可能有些父母会疑虑："我给孩子物质奖励，想让孩子写作业不拖拉，结果却越来越糟糕。给予奖励，孩子要求的越来越多；不给奖励，孩子干脆不写了，还大发脾气。"出现这种情况，通常是因为父母没有合理地运用物质奖励。

在运用物质奖励时，父母需要注意以下几点。

将物质奖励与精神奖励相结合

物质奖励一定要与表扬等精神奖励相结合，如果父母只用物质奖励激励孩子，可能导致"过度理由效应"。

过度理由效应是指如果人的某种行为本来有充分的内在理由，即行为与理由之间的关联存在合理性，这时增加了更多的外在理由，外界以具有更大吸引力的刺激（如物质奖励）给人们的行为增加额外的理由，让理由变得"过度"，则物极必反，人们会转为用这些外在理由解释自己的行为，减少或放弃使用原有的内在理由。此时，人们的行为就从原来的由内在动力激发转向由外在动力激发。如果外在理由不再存在，如外界不再提供物质奖励，人们的行为就失去了理由，就会倾向于终止这种行为。

社会心理学家爱德华·德西（Edward Deci）等人用实验证明了"过度理由效应"。德西的研究表明，与没有得到报酬的人相比，得到报酬的人对其原来喜欢的测智难题的兴趣会有所降低，如果外界不继续付给他们报酬，他们倾向于放弃解题，而没有受到报酬这一过度理由影响的人，将一直保持对解题的兴趣。

父母如果一直用物质奖励激励孩子，孩子对写作业不拖拉这一分内事将从由内在动力激发转变为由外在动力激发，会因想要获得物质奖励才写作业。如果父母不给物质奖励，或者给的物质奖励达不到孩子的要求，"外在理由"就不存在了，孩子将更加不愿写作业。有些父母只用玩手机激励孩子写作业，这样做一开始有用，时间一长，却会导致孩子玩手机的时间越来越长，并且父母如果不同意，他们就不写作业。

至于物质奖励和精神奖励的结合方式，建议父母平时以精神奖励为主，可以与孩子约定，他们在每周、每月、每学期按时完成作业时，将获得什么物质奖励。至于具体的物质奖励，父母可与孩子商量，毕竟对孩子有吸引力的奖励才能调动孩子的积极性，但奖励不要超出父母的承受能力。

物质奖励的大小要适度

父母不要为了解决孩子写作业拖拉的问题而过度给予孩子物质奖励，一定要量力而行，过度奖励也容易导致"过度理由效应"。

物质奖励的大小要与孩子认真写作业的时间相匹配。如果孩子只是一天写作业不拖拉，就要求特别大的物质奖励，比如到外地游玩，父母就不应同意。一定要等孩子坚持写作业不拖拉的时间更长，或者完成的任务难度更大时，父母才能给予其较大的物质奖励。

能够在短期内见效的一些方法

通过增加写作业的动力来解决孩子的拖拉问题属于"治本"的方法，需要时间，下面我再给大家提供一些能够在短期内见效的"治标"的方法。

与孩子商量玩和写作业的顺序

不少父母习惯于安排孩子写作业，如让其回家就开始写作业、吃完饭就去写作业……

关于孩子是先写作业还是先玩，很多父母认为孩子一旦开始玩，玩心就收不回来了，很难再认真写作业，于是要求孩子先写作业，写完作业才能玩。但这种时间安排并不是对每个孩子而言都合适，就像不同的花需要的水量是不一样的，合适的做法是与孩子商量是先玩，还是先写作业。

这个顺序没有绝对的好坏。通常来说，先写作业再玩更合理，但对有些孩子来说，先满足他们的玩心再写作业反而更容易使他们专心。

如果孩子能够在规定时间内保质保量地完成作业，不影响晚上的睡眠，那父母可以灵活处理这一顺序。父母在不必要的事情上与孩子发生争执，反而会加重孩子的逆反心理，影响孩子写作业的过程。

与孩子商量完成不同作业的顺序

父母不要用自认为合理的方式安排孩子写作业的顺序。孩子如果感受到的是要求和命令，就会用拖拉来与父母进行"无声对抗"。父母可以与孩子商量，尝试听从孩子的想法，如果孩子的做法影响了写作业的效率，父母再基于事实与孩子沟通应怎样改善。多尊重孩子，才有利于调动孩子的学习积极性。

最好有一个完成不同科目的作业的固定顺序，亲子可以共同制订一个作业计划表，以提高孩子写作业的效率。这样做一来有助于孩子形成好好写作业的习惯；二来使孩子对于要做什么有一个清晰的认识，在完成一项作业时就知道下一项该做什么，从而减少思考与犹豫的时间。

连续写作业的时间不宜过长

孩子的注意力有限，要求孩子连续做一两个小时作业，孩子容易坐不住、注意力分散，从而效率低下。这是大脑自动调节的结果，大脑在高度集中后需要放松，这怪不得孩子。孩子注意力的持续分钟数一般为其年龄数的 2 ~ 3 倍，比如 15 岁的孩子的注意力的持续时间多为 30 ~ 45 分钟。

父母可以建议孩子根据注意力持续时间的规律调整自己写作业的时间，以提高效率。注意父母给孩子的仍然是"建议"，不是"要求"。

加入奖惩机制，帮助孩子遵守计划

孩子的自控力尚未发展至成熟，父母可以通过加入奖惩机制，帮助孩子按作业计划表完成作业。父母需要与孩子商量，如果孩子没有按照作业计划表去做，应接受什么惩罚；如果做得很好，可以得到什么奖励。需要注意的是，惩罚措施一定要在与孩子讨论后制定。我在前面的"家庭会议"练习中提过，经讨论制定的惩罚措施，孩子会更愿意接受，因为他们是在执行自己的决定，而不是被迫接受父母的惩罚。

写出作业计划表，并将其贴在家中

父母与孩子的约定通常是口头的，而看得见的文字对孩子会更有约束力。因此，在商量好写作业的顺序、奖惩机制后，父母可以将作业计划表完整地写下来，然后与孩子一起签上字、写上日期，再把作业计划表贴在孩子每天都能看到的地方，比如书桌上，时刻提醒孩子注意时间。

可以修改计划和奖惩机制

如果孩子总是不能执行计划，或者不愿接受惩罚，奖励也失去了作用，亲子双方可以根据实际情况修改计划。

也许是奖励的吸引力不够，惩罚可能太轻，等等，不管是哪种情况，双方都可以重新商量，做出调整。但要注意不能总是修改计划。

怎样让孩子"网而不瘾"

对于孩子沉迷于手机的问题，一定是预防大于治疗。在孩子要求增加玩手机的时间而不是按照约定自行放下手机的时候，父母就要警觉孩子是否有沉迷的问题了。很多父母因为希望照顾孩子时省心、省事，希望孩子听话，把玩手机作为自己对孩子的奖励，将手机作为"哄娃神器"：孩子不好好吃饭——用手机哄；孩子打扰父母——用手机打发；孩子想让父母陪自己玩，父母没时间——用手机打发；孩子在公共场合吵闹——给他手机……

有调查显示：在 0 ~ 5 岁的儿童中，智能手机使用率超80%；在 3 ~ 6 岁的幼儿中，智能手机接触率已经高达91%；9 ~ 10 岁的孩子使用手机的时间已经和成年人差不多了；60 %的父母为了"让孩子老实一会儿"，会选择让孩子玩手机……

在孩子小的时候，父母还能控制孩子玩手机的时间长短，但当孩子进入青春期后，父母再想控制孩子玩手机的时间长短就变得十分困难了，孩子甚至可能会用不上学、离家出走或其他极端行为来表达对父母不许其玩手机的反抗。

如果孩子刚刚出现沉迷于手机的迹象，父母还有机会预防，下面是两种预防方法。

- 可以让孩子适当玩手机，但是父母一定要控制时长。当发现孩子有沉迷玩手机的"苗头"时，父母一定要及时与孩子沟通，了解孩子玩手机背后的需求，或者孩子是否遇到了不开心的事，从而帮助孩子用健康的方式满足心理需求。

- 在节假日，父母应尽量抽时间陪孩子外出游玩，不要总待在家里。家里娱乐项目少，孩子自然容易玩手机。如果父母不陪伴孩子，而是让手机替代父母与孩子建立"亲密关系"，那孩子将很难离开手机。

即使孩子已经沉迷于手机，错过了预防的机会，父母也不要直接用打骂、没收手机这样强硬粗暴的方式对待孩子，不然有可能会激发孩子的极端行为。沉迷玩手机的孩子，对手机的渴望像洪水一样猛烈，而要想阻挡湍急汹涌的洪水，不论石头、木头、泥土还是沙袋，都是没用的，这些东西会迅速被洪水冲垮。治理洪水不能堵，而是要分流，治水人可以挖很多水渠，把洪水引向不同的地方。洪水的力量小了，治理起来就更容易。本书前面提过"引流教育"，孩子沉迷玩手机时，父母也不能想着一步到位地解决问题，这是不现实的。孩子的问题不是一天两天形成的，改变也应一步步地来。这是改变孩子的第一步：父母先在心态上做好准备。

慢就是快，一点点地改变才有效。一些所谓有"神奇"效果的方法和机构，如电击疗法、药物疗法和戒网瘾学校等，不仅无效，还可能会伤害到孩子，加剧父母与孩子间的矛盾。

父母可以多进行正念练习，缓解因急于改变孩子而产生的焦虑情绪，只有先冷静下来，才能采取理智有效的方法帮助孩子改变。

改变孩子的第二步：关心孩子，而不只是盯着其沉迷玩手机的问题。

父母不要只盯着孩子的问题，而要关心孩子这个"人"。如果父母的眼里只有问题，久而久之，就会把孩子当成一个"问题"，而不是活生生的"人"。试想：如果你被别人当成"问题"，整个人都是被嫌弃的，就像肿瘤一样，被人一心想要"治理"，你会有什么感受？感受到自己作为人存在的价值，是人的基本需求之一。你必须关心、理解孩子的感情、想法，让他感受到你对他的尊重和理解，他才有可能接受你的帮助。

除了能满足孩子很多心理上的需求，大脑生理因素的影响也是孩子沉迷玩手机的原因之一。人类大脑存在一套"奖励机制"，涉及多巴胺、内啡肽、肾上腺素等激素的分泌。玩游戏、刷短视频会刺激这些激素的分泌，激活奖励机制，令痛苦减轻，让人产生愉悦感，这也是为什么我们会沉迷其中。

玩手机可以让孩子将不喜欢的事情抛到九霄云外。当孩子越来越多地通过玩手机逃避痛苦时，他们就会想抓住这种感觉，不断重复成瘾行为。沉迷玩手机的孩子大多生活在这样的家庭中：父母总是不断地提要求，对孩子的批评与指责多，表扬与肯定少，孩子的很多需求得不到满足；父母与孩子缺少沟通交流，孩子得不到理解……正是由于在现实生活中有很多需求得不到满足，孩子才会通过玩手机在网络世界中寻求满足。

父母想要直接改变孩子沉迷玩手机的情况，对抗引发孩子沉迷玩手机行为的心理需求和生理机制，相当于从堡垒最坚固的地方发起进攻，自然会招来孩子最激烈的反抗。父母态度上的改变以及采用合适的方法，都属于"迂回战术"，可以减轻孩子的防御，做到"四两拨千斤"。

改变孩子的第三步：在沟通上做出改变。

对于孩子沉迷玩手机这件事，父母也负有很大一部分责任，不能全怪孩子，也不能只要求孩子改变。在承认自己的问题时，父母必须发自内心地反思，坦诚地向孩子道歉。记住，一定要真诚，父母是不是真心承认自己做得不对，孩子是能感觉出来的。如果父母让孩子感到，父母为了改变他不择手段，他只会更不愿相信父母。如果父母发现不了自己的问题，可以借由"家庭会议"或直接与孩子沟通来让孩子说出自己对父母的意见。

道歉之后，父母应表明改正意图，并请孩子监督。赋予孩子监督父母的权利是为了让孩子有机会"管"父母，从而调动孩子参与改变的积极性。孩子愿意和父母互动，才更有可能改掉沉迷玩手机的习惯。如果孩子对父母的各种方法无动于衷，根本不想理父母，那么再好的方法也没有用。要想改变孩子，父母需要与孩子一起做出改变。

改变孩子的第四步：多看到进步。

如果父母看不到孩子一点一滴的进步，会产生两个不良后果。第一，父母对孩子的行为改变抱有过高的期望，会导致孩子也对改变持较高的期望，希望快速改变。当短期的努力没有达到预期时，孩子便容易泄气，觉得努力也没有用，干脆破罐子破摔。第二，如果孩子为改变付出的努力不仅没有得到父母的肯定，反而招来了父母的责骂，孩子将因此失去改变的动力。

父母应多关注孩子的进步，当发现孩子减少玩手机的频率和时长后，应及时给予肯定，并帮助孩子寻找减少玩手机的原因，和孩子一起想办法多创造有利于孩子放下手机的条件，比如让孩子和朋友出去玩。

应对叛逆，应以柔克刚

前面提到，青春期孩子的"叛逆"是在提醒父母：孩子在发展其独立性，在为将来进入社会、独立生活、成家立业做准备。如果你把孩子的"叛逆"当成一个需要解决的问题而不是成长的"信号"，试图阻止孩子的"叛逆"，让孩子回到原来的"听话阶段"，那你就是在阻止孩子成长，阻止孩子培养安身立命的能力。

在应对孩子的叛逆方面，父母并非只能顺从孩子或只能约束孩子，而是要在二者之间寻找平衡。叛逆意味着孩子在成长，父母自然不能阻断孩子的成长；可是叛逆也意味着孩子的成长缺乏方向性，如果父母任由孩子做一匹不羁的"野马"，孩子可能撞得头破血流，或者误入歧途。

"叛逆像弹簧，看你强与弱。你强它也强，你弱它也弱。"我改编的这首打油诗，说的就是父母应如何与孩子的叛逆相处。

不论"叛"还是"逆"，都是指和人"对着干"。即你说东，他偏要往西；你说南，他偏要去北。既然是对着干，总得先有个对着干的"标靶"。这个"标靶"就是父母的要求：你对孩子有要求，便相当于为孩子的叛逆树立了一个"标靶"，孩子便知道要怎么与你对着干。也许你不愿意承认，可你不得不承认：孩子的叛逆，有你一半的"功劳"。

大家可以想想：是不是你管孩子越多，孩子就越叛逆，就像弹簧受到的压力越大，反弹力就越大；不去压弹簧，也就没有反弹力。这告诉了父母一个应对青春期孩子叛逆的核心原则：约束的自由。

自由

"约束的自由"的核心仍是"自由"。叛逆代表孩子想要获得发展，变得独立，意味着其将脱离父母的照顾和管教。发展独立性的心理需求会导致青春期孩子对父母的要求很敏感，容易将父母的要求理解为对自己的控制，从而试图挣脱。不论是直接的不服从、对抗，还是消极对抗，比如做事拖拉，都是孩子试图挣脱父母控制的表现。

要想减少孩子的叛逆行为，父母应改变与孩子相处的"要求模式"，创造一个尽可能让孩子感到自由的空间，让孩子感觉自己拥有自主权，可以决定自己做什么和不做什么，以及怎么做、什么时候做，这也是对孩子的尊重。父母要学会放手，把决定权交给孩子，而不是事事要求孩子遵从自己的安排。

这并不是一件容易的事情。父母需要像学习一项新技能一样，一点点摸索，一遍遍练习。

在父母适应孩子的叛逆的过程中，孩子也在学着适应这一过程。尽管孩子常常对抗父母的要求，想要挣脱父母的管教，获得完全的自主权，但由于从小习惯了父母的照顾，欠缺独立生活的能力，他们经常面临这样一个矛盾：独立的愿望和独立的能力不匹配。因此，孩子需要把独立作为一项新的能力培养，在培养这项能力的过程中，犯错是很常见的。

举个例子，孩子希望父母不要管自己的学习，认为自己可以安排好时间。但当父母真的由着孩子自己安排学习时间，不去管孩子写作业的情况时，孩子却发现：自己写作业时，不是手忙脚乱地找文具、做准备,就是"中场休息"个没完没了,或者不知不觉就开始发呆。平时在父母的监督下两小时就能写完的作业,自己两小时才完成一半。

试错是学习的必经之路,学习时要允许犯错。可当父母放手让孩子做主,孩子的行为却没有达到预期中的结果时,父母很容易忽视这一点,急切地想要重启"要求模式",中断孩子独立能力的发展进程。

这种行为也是父母在学习放手的过程中犯的错。父母和孩子都在适应孩子走向独立的路上跌跌撞撞,应对彼此多一些理解和包容。

父母此时可以想想当初教孩子走路的过程。父母在教孩子走路时,就很好地达成了照顾孩子和给予孩子自由空间的平衡,这一经验同样可以运用于应对孩子的叛逆。父母应允许孩子在尝试独立自主的过程中犯错,在孩子遇到困难,比如不能做好自我管理时,父母再提供支持与协助。注意,父母的角色是提供支持的协助者,不要喧宾夺主,接管孩子的自主权。

平衡照顾与独立如同教孩子学习走路:父母一点点放手,而不是一下子完全由孩子进行自我管理。这一过程没有标准的流程,父母只能在尝试中不断摸索,可以参考以下两个行动步骤。

第一步，当父母感受到孩子的叛逆，觉得自己的权威受到了冲击时，不要第一时间就去维护自己的权威，而要询问孩子希望怎么做，这是最困难也最重要的一步。父母可以进行正念练习，提高自己的觉察力，从而在面对孩子的叛逆时，有效提醒自己"不要对抗"。

第二步，如果孩子的建议之前没有尝试过，那么无论父母觉得建议是否可行，都可以先尝试一下，用事实进行检验。如果事实证明不可行，父母再与孩子商量应该怎么办。此时要注意的是，父母一定不要摆出胜利者的姿态，觉得事实证明自己是对的并打击孩子，这样做只会导致孩子为了维护自尊而不接受现实。

得理也要饶人，教育不是辩论，也不是审判。教育的目的是引导孩子朝好的方向成长。当事实证明孩子的方式不可行，孩子就会意识到对错。此时，恰当的做法是父母给孩子一个台阶下，维护孩子的自尊心，不批评孩子，只商量怎么做。要注意是与孩子商量，而不是孩子一失败，父母便直接要求孩子用自己的方式做事。

孩子的叛逆也是一种"对抗攻击"。父母在面对孩子的"对抗攻击"时，也容易产生"对抗攻击"心理，迫使孩子听从自己的意见，这样父母与孩子就进入了"对抗模式"。相反，如果父母对孩子的叛逆置之不理、"无动于衷"，不进入"对抗模式"，孩子的叛逆就像拳击手全力出击却打在海绵上的拳头，攻击性瞬间被瓦解。

如果父母能够与孩子像朋友一样平等相处，那么叛逆问题便不再是问题。改善沟通练习中的"中立沟通"和"家庭会议"都在帮助父母以平等的方式对待孩子。坚持练习，父母会发现自己根本不需要刻意处理孩子的叛逆问题了。

约束

父母应对孩子叛逆的关键词是"自由"，即为孩子创造尽可能自由的空间，使其独立性得到发展。但自由不是无限制地放任孩子，完全遵从孩子的想法，它一定要伴有约束。约束不是为了束缚孩子的自由，恰恰相反，约束是为了让孩子在安全的范围内，获得尽可能多的自由。

举例来说，孩子表示希望每天按时写完作业后，能够玩一会儿手机，父母同意了；后来，孩子又说考试考到多少分，就把玩手机的时间延长到多少分钟，父母也同意了。结果，孩子的作业完成情况得到改善，成绩也提高了，可是对手机也更加沉迷了。此时，继续用玩手机奖励孩子肯定是不行的。

再举个例子，孩子说晚上想睡在朋友家，不回家了，对此父母能完全不闻不问吗？当然不能。

遇到这些情况时，如果父母不同意，孩子肯定会表现出叛逆与对抗。但父母必须坚持立场，让孩子明白：这是底线，不容逾越。父母对孩子一味的妥协、顺从，只会助长孩子的问题。

不管"中立沟通"还是"家庭会议"，强调的都不是对孩子一味妥协、顺从，而是"商量"。"商量"意味着父母与孩子互有退让，双方共同寻找一个平衡点。

约束多了，自由就少了；自由多了，约束就少了。如何寻找二者之间的平衡？约束是保护，不是控制，保护的核心是孩子，是从孩子的角度考虑问题；控制的核心是父母，是从父母的角度考虑问题。

控制追求的是"掌控感"，当感受到的掌控感减弱时，父母便会增加控制。孩子追求自由，想要挣脱父母的管教，自然会削弱父母的掌控感。如果父母的初心是"控制"，那父母对孩子的管教便是为了提高自己的掌控感，维护自己的权威；如果父母考虑的是满足孩子的愿望可能会对孩子造成伤害，那父母进行的管教便是具有保护性的"约束"。

接下来，我通过一个更简单的方法来帮助大家识别这一点：面对孩子的叛逆，你是感到生气多一些，还是担心多一些？请按照1分到10分，分别对自己的"生气"和"担心"进行评分，看哪种情绪得分更高。"生气"提示你管教是为了掌控孩子；"担心"提示你管教是为了保护孩子。觉察了自己内心的真实想法，你才能准确地应对孩子的叛逆。

如果担心多一些，你可以采用"中立沟通"和"家庭会议"的方法，这些方法能够让你与孩子像朋友一样平等地沟通交流、讨论与解决问题。需要提醒的是，要明确约束底线，以"温柔地坚定"的态度。

如果生气多一些，你可以回忆教孩子走路的经验，学习放手是孩子成长的必经之路，也学习孩子终将长大，成为他自己。放下权威的身份，尊重孩子的独立性，孩子的叛逆便容易化解。

如何处理情绪化的"雷阵雨"

一方面，容易情绪化是青春期的身心发展特点。青春期孩子生理发育迅速，感觉器官也日趋成熟，对外界刺激非常敏感，容易受到影响。同时，青春期孩子高度以自我为中心，容易把外界事物与自己联系起来，从而产生强烈的情绪反应。此时孩子的情绪就像一锅将要沸腾的水，稍微再加点火，水就会沸腾。

另一方面，青春期孩子的情绪化也与其控制情绪的大脑前额叶发育不成熟有关。这样一来，青春期孩子容易产生情绪又不能有效控制情绪，情绪便狂风骤雨般出现。

总体来说，孩子处于青春期时其情绪具有波动性、封闭性、强烈性、极端性的特点，可能上一秒还风和日丽，下一秒就狂风大作；更让父母难以招架的是，青春期孩子还会将自己封闭起来，不愿与父母沟通。这些情绪特点非常考验父母的教育灵活性。

下面，我来分享一些应对青春期孩子情绪化问题的方法。

应对青春期孩子情绪化问题的方法

如何应对强烈情绪

父母在家里可以准备一套情绪宣泄的工具，如惨叫鸡、人面球、宣泄壶等。在孩子情绪强烈甚至与父母产生冲突时，父母可以建议孩子使用这些工具宣泄情绪。

强烈的情绪与暴风雨一样，即使你什么都不做，它也会自然减弱。因此，父母一定不要在孩子情绪化的时候试图对孩子讲道理，而要等到孩子的情绪缓和后，再与孩子交流。

如何应对非强烈情绪

父母可以采用改善沟通的"如实倾听"三步法：首先，询问孩子的情绪，让孩子感受到被理解、被看见；其次，询问孩子是否愿意说说发生了什么，给孩子一个倾诉的机会，把情绪释放出来；最后，复述孩子的情绪和事件，确认自己的理解是否正确，让孩子感受到父母在认真倾听。

人有情绪的时候，优先需求是情绪被理解，而不是消除负面情绪。

有些父母可能会问："既然情绪被理解是优先需求，为什么孩子情绪强烈时，我们不可以与孩子沟通呢？"

这就像能被控制的火可以用来炒菜，火灾现场失控的火还能用来炒菜吗？强烈的情绪就像失控的火，无法成为有效沟通的契机。

为情绪命名

孩子有时候自己都不清楚自己的情绪来源，只是感到烦躁、郁闷。由于说不清楚，孩子也很难和父母沟通。在这种情况下，父母可以感知一下孩子的情绪并反馈给孩子。比如"我觉得你现在很生气，我们冷静半小时再沟通"。父母可以把对孩子情绪的感受，通过命名的方式反馈给他；孩子知道自己的情绪是什么，便能够有效激活理性脑来控制情绪。父母在应对孩子的强烈情绪和非强烈情绪时都可以尝试这种方法。

如何应对情绪封闭性问题

如果孩子不愿告诉父母自己遇到了什么事情、现在有什么情绪，那不管是倾听、理解还是给命名情绪，所有的方法都难以奏效。

此时，父母只需要传递给孩子这样的信息：你需要帮助时，可以随时来找我。让孩子感觉到父母的关心和支持，以及父母对于他是否进行交流的权利的尊重就够了。孩子自己具备消化情绪的能力，不是一定要被父母帮助才能消化情绪。

生理层面迅速发育、易被刺激是青春期孩子容易产生情绪的内因，上面分享了一些处理这一内因的方法，接下来，我们再来看看导致青春期孩子情绪化的外因，主要有家庭和学校这两方面。

导致青春期孩子情绪化的外因

家庭

家庭对孩子情绪化的影响，又可以被分为夫妻关系形成的情绪氛围对孩子造成的间接影响，和亲子关系对孩子造成的直接影响。

家庭关系的和谐程度，决定了家庭氛围是其乐融融，还是紧张又充满冲突。如果孩子整天生活在充满争吵的家庭中，总是被紧张又充满冲突的家庭关系影响，会产生两个后果：一是孩子被不和谐的家庭氛围波及，产生并积累情绪，如同被不断扔石头的水面，总是不断地泛起涟漪，想平静都平静不下来；二是孩子会形成用发泄情绪而不是控制情绪的方式交流的习惯，从而更容易情绪化。

间接影响：夫妻关系

父母是孩子最亲密的人，这种紧密联结使得父母关系势必影响到孩子。有些父母会对孩子说，我们之间的问题，我们自己会处理好，不需要你来担心，试图避免孩子受到影响。可是，家庭是一个系统，父母的关系问题怎么可能不影响孩子？长期生活在紧张的家庭关系中，被充满冲突的情绪氛围影响，孩子也容易情绪化。

在许多家庭中，父母之所以长期不和，只是因为他们不想孩子成长在单亲家庭中，一直维持着"貌合神离"的"形式婚姻"。父母自认为这样做对孩子好，但实际上很可能不仅对孩子没有好处，还会带来更大的负面影响。在"貌合神离"的隐忍式婚姻中，夫妻不论是表现出"争吵模式"，还是表现出在孩子面前假装没有问题的"假好模式",对孩子而言都是伤害。孩子会感觉父母是为了自己才如此不幸福的,从而形成巨大的心理压力,而且这种压力将伴随孩子数年甚至十几年。

如果想通过改善夫妻关系解决孩子的情绪化问题,我们需要分析夫妻相处之道,而其中包含的内容足以再写本书了。我不想占用太多篇幅谈如何改善夫妻关系,推荐大家看看约翰·戈特曼(John Gottman)的婚恋三部曲:《爱的沟通》《爱的博弈》《幸福的婚姻》;也推荐大家看看《依恋与亲密关系》和《男人来自火星,女人来自金星》这两本书。这些书有助于大家理解男女之间的差异,减少婚姻相处中的误解和矛盾。除此之外,做夫妻心理咨询,也是父母可以考虑的方式。

直接影响:亲子相处

父母与孩子的相处方式将直接影响孩子。一方面,在亲子相处中,一个非常重要的影响因素是"踢猫效应",本书在介绍父母情绪控制的章节中提到过。孩子在家里处于弱势地位,父母很容易在与孩子相处时,向孩子发泄情绪,造成孩子情绪化。在这一点上,父母需要练习如何更好地控制情绪,减少自己与孩子相处时的情绪化。

另一方面,父母如果基于自身权威,用命令、要求、控制的方式与孩子相处，也容易让孩子情绪化。如果孩子不得不顺从父母，意愿得不到表达，心里"堵得慌"，情绪越积越多，便容易发脾气。父母需要转变与孩子的相处方式，学习用平等、尊重的态度对待孩子。本书的亲子沟通练习和亲子关系练习，能够有效改善父母与孩子的相处方式。

学校

老师给孩子带来的情绪影响

老师给孩子带来的情绪影响主要有以下几点。

第一，误解孩子，错误批评、惩罚孩子。比如，孩子上课明明没说话，老师却误以为他说了话，从而批评了他。孩子感到很冤枉、很委屈，也很气愤。老师的无心之过具有偶然性，无法杜绝，但父母可以教育孩子如何合理应对这种情况，具体可以通过以下三个步骤进行。

- 第一步，使用本书前面介绍的"如实倾听"的方法。父母一定要先用心倾听，让孩子"一吐为快"，避免一开口就试图让孩子理解、原谅老师。如果父母还没了解事情的经过，便开始讲道理、安抚孩子情绪，孩子会觉得父母不理解自己，觉得自己不仅被老师误解还被父母误解，从而再次感到委屈，情绪得不到理解和舒缓。

- 第二步，在孩子的情绪得到理解和舒缓后，父母才应再与孩子做理性沟通，帮助孩子站在老师的角度看问题，理解老师的误解是情有可原的，并与孩子讨论再遇到类似情况时，有什么更好的应对办法。比如课后询问老师，向老师解释等。父母通过开阔孩子的思维，帮助孩子认识到解决问题的方法并不是只有一种。

- 第三步，对于老师的无心之过，询问孩子是否愿意原谅老师，培养孩子的包容心，进一步降低这类事情对孩子产生的情绪影响。但要注意，不要逼孩子原谅老师，要尊重孩子的选择。毕竟老师的无心之过也是"过错"，老师有不对的地方。孩子大多是善良的，如果得到父母和老师的理解，孩子通常会愿意选择原谅。

第二，故意刁难、针对孩子。个别老师有故意针对、刁难孩子的情况，这种情况是刺激孩子变得情绪化的重要原因。如果老师真的是在故意针对孩子，那么孩子只要在学校，就将受到来自老师的情绪刺激，而孩子大部分时间都在学校，因此将积累大量的负面情绪。

这种情况中大部分的错在于老师，父母需要坚定地站出来维护孩子，而不能只是教孩子怎么应对。如果父母不分青红皂白，把所有责任都归到孩子身上，一方面，这将破坏孩子对父母的信任和依靠，对亲子关系造成极大的破坏，孩子将与父母疏远，今后父母对孩子的教育影响力会被严重削弱；另一方面，孩子在父母这里没有得到支持和帮助，情绪得不到释放并持续积累，容易像洪水一般爆发。

想应对这类情况，父母可以做以下三步。

- 第一，向孩子传递自己会坚决维护孩子的态度，让孩子感受到父母的支持。

- 第二，避免粗暴处理，用就事论事的态度与老师沟通，尝试改变老师对待孩子的方式。如果老师态度强硬，父母也可以态度强硬地表明自己会逐级上报学校，如果问题仍得不到解决，自己将采取更有力的手段。

- 第三，对于孩子需要改善的方面，父母应与孩子沟通，帮助孩子改善。父母可以看看孩子自身的表现是否存在需要改善之处，如果忽视了孩子自身需要改善的地方，将不利于孩子的成长。

同学给孩子带来的情绪影响

同学间的相处也会给孩子带来情绪影响。常见的会影响孩子情绪的事件包括与好友闹矛盾，被同学取笑、排斥（这种排斥没有到校园霸凌的程度，关于校园霸凌，我们将在"校园霸凌"一节中具体分析）等。当孩子在与同学相处的过程中产生困扰，又不能有效应对时，就会产生负面情绪，此时需要父母提供有效的帮助。父母不应轻视这一问题，认为这没什么大不了的，或是敷衍地应对孩子的问题。孩子基本每天都要与同学相处，如果产生负面情绪的源头没有得到解决，情绪日积月累，有可能导致大问题。因此，父母应重视这一问题，可以采用以下两个步骤帮助孩子。

第一步，用"如实倾听"的方法让孩子的情绪得到表达，同时了解事情经过；第二步，用与孩子讨论的方式提供建议。注意是提供建议，而不是要求孩子做什么。

如何提高孩子的自制力

很多父母觉得孩子自制力差，认为孩子只是"不想"做好，他们只要努力就能做到，但实际上并不是这样。影响自制力的因素包括生理因素和心理因素，生理因素涉及大脑中的前额叶，我们之前提到过，前额叶要到个体 25 岁左右才能发育成熟。青春期孩子的前额叶尚未成熟，因此其自制力水平也相对有限，不是通过训练就能大幅提高的。但心理因素却是相对可控的，我们可以通过调节影响自制力的心理因素来提高孩子的自制力。

通过调整孩子的情绪来提高其自制力

人在情绪激动的状态下，很容易"失控"，"失控"时自制力难以发挥作用。强烈的情绪对自制力有抑制作用，因此，若想让孩子在做某事时表现出较好的自制力，父母需要让孩子的情绪保持稳定。关于父母怎么帮助孩子调整情绪，前面的章节已经进行了详细介绍。

通过改变孩子的认知来提高其自制力

提高任务清晰度

父母要尽可能让孩子清楚做某件事的目的、意义和价值，孩子的认识越明确，行动的动机越强，自制力也越强。一开始，父母可以多谈做某事对孩子的好处，调动孩子的积极性。这里的好处指的是对孩子有吸引力的地方，而不是父母所认为的好处。比如在写作业这件事上，"有更多的时间玩耍"就是"保质保量地完成作业"的好处。切忌一开始就与孩子谈重大的目的和意义，这些东西太抽象，无法调动孩子的积极性，自然也谈不上提高其自制力。父母可以在孩子的积极性被调动起来后，再强调做这件事的目的和意义，进一步提高孩子的内驱力和自制力。

降低任务难度

如果孩子尝试过做某事，发现很难做到，就有可能放弃，表现出自制力差的情况。遇到这种情况，父母要帮助孩子分解任务，将任务分解成一个个孩子能够完成的小任务，使其在完成一个个小任务的过程中获得成就感，从而有动力完成下一个小任务，最终完成整个任务。比如写作业，如果连续写几小时，孩子可能容易分心，看起来缺乏自制力。但是若将作业分解为一个个较容易完成的小任务、小目标，孩子在完成每个小目标的过程中都能够有效保持自制力，那么他完成所有作业的自制力也就得到了提高。

积极暗示

父母要多给孩子一些积极的暗示，比如鼓励孩子、榜样激励孩子等，传达相信孩子可以做到的信息，让孩子也能不断给自己鼓劲。马拉松运动员之所以自制力极强，能坚持跑完全程，原因之一就在于不断给自己打气，告诉自己离终点越来越近。如果孩子养成给自己积极暗示的习惯，不断给自己鼓劲，便能更好地保持自制力。

通过锻炼孩子的意志力来提高其自制力

锻炼意志力可以使人直接感受到自制力的提高。原理是，锻炼意志力相当于提高前额叶的功能，这将不仅从心理上，也能从生理上提高自制力。锻炼意志力的方法就是坚持做"苦差事"，比如长跑、登山等一些让人感到辛苦、不想做的事情。这些锻炼意志力的方法通常会让孩子很难接受，父母可以与孩子一同训练，比如一起长跑、登山，互相监督。

通过行为塑造法来提高孩子的自制力

通过行为塑造法来提高孩子的自制力，实质是在帮助孩子养成习惯。正所谓"习惯成自然"，父母可以借助习惯的力量，帮孩子改变自制力差的问题。人们在完成需要自制力才能完成的事情时，都需要克服天性中就存在的阻碍。父母要想让孩子战胜天性，最有效的办法就是奖励孩子。不论是培养孩子养成良好行为，还是改变孩子的不良行为，在孩子缺乏自制力时，奖励都是很有效的方法。

关于如何用好奖励，我们在之前提到过一些，这里再介绍一种"积分奖励法"。积分奖励法的实施涉及以下七个方面。

确定目标行为

父母应与孩子商量，共同列出孩子所有缺乏自制力的行为表现，并列出自己对孩子的希望，比如希望孩子在规定时间内完成作业、字迹工整、按时起床、按时睡觉、不说脏话、帮忙做家务等。

设置奖励积分

父母与孩子共同商量如何为孩子的不同行为表现设置积分。通常，越容易做到的行为，得分越低；越难做到的行为，得分越高。比如，按时完成作业，得 5 分；字迹工整，得 1 分；没说脏话，得 2 分；等等。

如果父母和孩子对同一行为设置的积分差异不大，可以选用孩子的答案；如果差异比较大，可以取二者的平均值，如孩子认为按时完成作业应该得 10 分，父母认为应该得 5 分，可以折中确定为得 7.5 分。

制定奖励清单

先让孩子提出想得到的奖励，然后父母与孩子协商得到某个奖励需要多少积分。建议设置一日奖励、一周奖励、一月奖励、一学期奖励，即对短期、中期、长期设置不同奖励。当孩子用积分兑换奖励后，父母应扣除相应积分。

父母应注意，如果有某个奖励孩子很努力了仍然无法得到，父母可以就孩子的努力态度给予"附加分"，让孩子获得这个奖励，或者允许孩子预支积分先获得这个奖励，以后再补上积分。奖励重在激发孩子的主动性，应避免出现孩子在尽力之后得不到奖励，并因此感到挫败而放弃努力的情况。

试行积分奖励

告知孩子，一个月内是积分奖励制度试行阶段，如有疑问可以商量修改。但一个月后，对于双方共同制定的积分奖励制度，即使有意见也必须执行。父母可以与孩子一起商量一个正式实施时间，比如从下周开始。

奖惩结合

前三周只加分，不扣分；从第四周开始，如果没有表现出加分行为，可以以扣分作为惩罚。在制定积分奖励制度时，亲子双方就要明确如何扣分，避免孩子在被扣分时反悔。

父母应以身作则

如果父母对孩子发脾气甚至动手打孩子，就要送给孩子

5 ~ 10分的积分。这一方面是对父母的约束，另一方面也是对孩子的精神补偿，同时告诉了孩子，犯了错不要紧，勇于承担责任就好。

用积分表记录积分

父母可以用以下积分表记录积分。建议用铅笔记录积分，便于擦写和重复记录，最下面一栏"积分兑换奖励"处留的空白可以多一些，便于增加新的积分奖励项（见表7-1）。

"积分奖励法"采取累积兑换奖励的方式，使用这种方法，孩子在将良好行为维持一定的时间后才能获得奖励，父母可以以此督促孩子养成良好的行为习惯。

表 7-1　积分表

行为（举例）	周一	周二	周三	周四	周五	周六	周日	总积分
不乱发脾气								
按时完成作业								
按时起床								
字迹工整								
……								
每日积分								
积分兑换奖励	积分为＿＿＿＿分，奖励：＿＿＿＿。 积分为＿＿＿＿分，奖励：＿＿＿＿。 积分为＿＿＿＿分，奖励：＿＿＿＿。							

怎么应对"校园霸凌"

校园霸凌不仅是父母面临的教育难题，也是整个社会面对的问题。

2017年12月27日，教育部等十一部门印发《加强中小学生欺凌综合治理方案》，此方案是从社会、学校方面解决校园霸凌问题的好的开端。方案明确界定了学生欺凌，对学生欺凌与学生间打闹嬉戏进行了严格区分。中小学生欺凌是发生在校园（包括中小学校和中等职业学校）内外、学生之间，一方（个体或群体）单次或多次蓄意或恶意通过肢体、语言及网络等手段实施欺负、侮辱，造成另一方（个体或群体）身体伤害、财产损失或精神损害等的事件。方案还规定，学生欺凌事件的处置以学校为主。学校发现欺凌事件线索后，应当按照应急处置预案和处理流程对事件及时进行调查处理，由学校学生欺凌治理委员会对事件是否属于学生欺凌行为进行认定。由县级防治学生欺凌工作部门处理学生欺凌事件的申诉请求，对确有必要的，要启动复查。涉法涉诉案件纳入相应法律程序办理。

- 情节轻微的一般欺凌事件，由学校对实施欺凌学生开展批评、教育。

- 情节比较恶劣、对被欺凌学生身体和心理造成明显伤害的严重欺凌事件，学校在对实施欺凌学生开展批评、教育的同时，可请公安机关参与警示教育或对实施欺凌学生予以训诫。
- 对屡教不改或者情节恶劣的严重欺凌事件，校方于必要时可将实施欺凌学生转送专门（工读）学校进行教育。
- 涉及违反治安管理或者涉嫌犯罪的学生欺凌事件，处置方应以公安机关、人民法院、人民检察院为主。

对于校园霸凌，父母能做的事主要集中于家庭部分。接下来我将介绍父母如何从家庭方面，尽可能为孩子提供预防和应对校园霸凌的方法。

预防

校园霸凌预防比孩子在遭受校园霸凌后的应对更重要。如果父母知道孩子遭受了校园霸凌才想办法处理，校园霸凌对孩子造成的实质性身心伤害，特别是心理创伤，将很难被修复，因此预防更重要。

校园霸凌的类型

第一种：边缘人类型

这种类型的被霸凌孩子最多，基本上大家看到的被曝光的校园霸凌都属于这种，遭受这类霸凌的孩子常常有一些共同特征。

这类孩子常常生活在缺少父母关心的家庭，或是他们的父母在外工作，他们缺少关怀，需求得不到重视；这类孩子成绩一般不好，属于被老师忽视或不喜欢的学生类型；朋友也可能很少，比较自卑……总之，这类孩子一直不被人关注，属于班上的"边缘人"，即使被霸凌可能也不会立即告诉父母或老师，因为觉得没人在意，说了也没用，同时觉得自己"势单力薄"，不敢反抗，只能隐忍退让。当施暴者欺负某个孩子，发现其不敢反抗，自己也没有被老师或家长的惩罚时，施暴者的霸凌行为将不断升级。

第二种：黑羊效应类型

一群人欺负一个人，其他人却坐视不管的诡谲现象被称为"黑羊效应"。"黑羊效应"中有三个角色：无助的黑羊——受害者，没做错什么无缘无故就受到周围人群的攻击和欺凌；持刀的屠夫——加害者，不清楚到底发生了什么事，不自觉地加入施暴的队伍；冷漠的白羊——旁观者，虽然同情黑羊，但是没有采取任何行动制止屠夫。

有些被校园霸凌的孩子遭受的不是直接的身体攻击，而是辱骂、诋毁、嘲笑、孤立等。在这类校园霸凌中，通常因为某个偶然因素，孩子成为同学"群起而攻之"的对象，其他同学要么加入加害者群体，要么成为旁观者，他们在一定程度上作为"从犯"助长校园霸凌。若对这种类型的校园霸凌进行深入分析，会发现其体现了从众心理。从众心理是指由于群体的引导和压力，个人的观念与行为不知不觉或不由自主地与多数人保持一致的社会心理现象，通俗地说就是"随大流"，不顾是非曲直地服从多数，导致"盲目从众"。黑羊效应类型的校园霸凌便由此而来。

孩子遭受校园霸凌后可能产生的表现

有些时候，出于种种原因，孩子在遭受校园霸凌时不会直接告诉父母。父母需要学会从孩子的间接语言或行为中，识别孩子是否遭到了校园霸凌。受到校园霸凌的孩子可能会有如下表现。

出现非医学原因的身体症状

孩子经常出现头痛、胃痛、呕吐等身体症状，还经常做噩梦,去医院检查也查不出原因。这种情况被称为"心身症状",是指由心理原因导致的身体症状。如果孩子遭受校园霸凌,其受到的身心伤害没有得到及时处理,便可能转化为身体症状。

情绪变化大

有时,孩子在家会莫名其妙发脾气或哭泣,抑或表现得极度紧张害怕,等等。如果孩子在受到校园霸凌时产生的害怕、无助等情绪没有及时得到处理,他就可能在与父母相处时"借机宣泄",突然产生情绪变化。

表达对学校的不满

孩子可能会说老师不喜欢自己,或是抱怨某个老师、同学不好等。如果孩子经常表达学校不好,不想去学校,就有可能是在暗示他遭受了校园霸凌。

不愿意上学

孩子可能会找各种理由不上学,也可能什么都不说,就是坚决不去学校。

行为变化大

比如,孩子玩手机的时间变长了,有时甚至半夜也在玩手机；或是以前不爱玩手机游戏，现在迷上了手机游戏。这些反常的行为变化通常是孩子进行自我防御的表现，尽管这些行为有时也将带来不利影响。

如果家庭内部没有发生大的变化，而孩子的行为方式却突然发生改变，很大可能是因为孩子在外面遇到了重大事情。如果孩子出现了上述表现中的两种及以上表现，就说明他可能遇到了校园霸凌。

应对措施

在得知孩子遭受校园霸凌后，父母一定要坚定地站在孩子这边，表示出保护孩子的态度。有些父母在知道孩子遭受校园霸凌后，不仅不保护孩子，反而指责孩子："为什么那些人不欺负别人，只欺负你？肯定有你自己的原因。"这种态度不仅解决不了问题，反而会对孩子造成二次伤害。

当孩子遭受校园霸凌时，即使孩子自身有不对的地方，父母也一定先保护孩子，出面解决霸凌事件，再来处理孩子做错的方面。这个先后顺序不能颠倒，否则孩子会认为父母"靠不住"，不能帮自己解决问题，从而选择用自己的方式解决问题：报复施暴者，或加入施暴者群体，或不去上学，等等。

父母在面对施暴者时要表现得非常坚决和严厉，比如明确告诉对方"再欺负我的孩子，我就会对你不客气"。如果父母此时还抱着息事宁人的态度，想"大事化小，小事化了"，觉得成年人不该用和青少年生气的态度处理问题，就会产生两个不良后果：一方面，无法震慑施暴者；另一方面，孩子会觉得父母无法保护自己。我辅导过遭受校园霸凌的孩子，他们普遍反映：在向老师或父母告状后，老师通常采取的做法是把施暴者的父母叫来学校，让施暴者当着父母、老师的面，向被霸凌者道歉，并承诺以后再也不会施暴。可过后，施暴者常常叫上一群人围殴"告状"的被霸凌者，警告其不许再告诉老师、家长，否则见一次打一次。现实情况说明，息事宁人不仅解决不了校园霸凌问题，反而易助长施暴者的嚣张气焰。

对待校园霸凌，我主张父母在合法范围内用尽可能严厉的方式惩罚施暴者——不论是要求学校明确处理方式，还是报警，诉诸法律手段。施暴者在心智上完全清楚自己在做什么，父母不能用"尚未成年，还不懂事"来为他们辩护。无论是从主观动机还是客观行为来看，他们都是在故意伤害他人，故意给他人造成痛苦。这样的恶行不应轻饶，施暴者应为自己的伤害行径付出代价。

有些人可能不同意我对待校园霸凌施暴者的严厉态度，认为他们也只是孩子，但我坚定地认为这是更合适的处理方式。我接触过很多被霸凌的孩子，校园霸凌对他们的伤害是持续一生的，比如有些孩子原本可以上大学，却被迫退学，更别提还有些住进了精神病院或产生了轻生的念头。这些伤害是永远无法弥补的，如果我们对施暴者的惩罚不够严厉，将来还会产生更多无法弥补的伤害。

校园霸凌经常发生在放学后，如有必要，父母可以在孩子放学后去学校接孩子，不给施暴者可乘之机。如果校园氛围比较糟糕，不好好学习的学生很多，经常发生打架斗殴事件，学校管理混乱，父母最好想办法给孩子换一所学校。

此外，父母还可以考虑让孩子学习跆拳道，以此让孩子有一定的自保能力。这不是教孩子带着攻击性与人相处，而是引导孩子在面对主动挑衅的施暴者时，不胆怯、不退缩。不过，父母在教孩子用这种方式自保时，应反复强调：自保不是为了攻击，切勿对施暴者造成严重伤害。

如何处理注意力不集中的问题

对于孩子注意力不集中的问题，我想先强调一点：看孩子的注意力问题是否有被夸大的倾向。

现在市面上出现了越来越多的注意力训练机构，不少机构都会宣传注意力不集中将影响孩子的各个方面，如导致孩子冲动易怒、写作业拖拉、上课走神、马虎、不爱学习、胆小内向、不自信……似乎孩子的所有问题都与注意力有关，只要提高了注意力，就能解决孩子的所有问题。这些机构把训练注意力宣传成一种"万能"的教育方法，这也导致一些父母过于在意孩子在注意力方面的表现，从而把孩子身上的诸多问题归因于注意力不集中。

这样的夸大宣传利用了父母急切想要改变孩子的心理，但不仅无益于解决问题，反而可能会阻碍父母发现孩子问题的症结所在，导致孩子的问题越来越严重。

在处理孩子的注意力问题前，父母需要先确认孩子的问题是不是注意力的问题，比如写作业容易分心、上课容易走神、马虎……这些问题的影响因素有很多，不一定只是注意力不集中所致。

即使孩子的问题的确源于注意力不集中，我们也要意识到，影响注意力的因素是多方面的。父母要想解决孩子的注意力问题，需要"对症下药"，不存在"包治"所有注意力问题的"万能之法"。如果训练孩子注意力的机构宣称它们用一套方法便可以解决所有的注意力问题，一定是虚假宣传。

影响注意力的常见因素有前额叶、兴趣、情绪、身体状态、环境（见图7-2）。父母可以对照自己孩子的情况，看其主要是受哪些因素的影响，然后根据后文相应的注意力训练方法，训练孩子的注意力。

影响注意力的常见因素

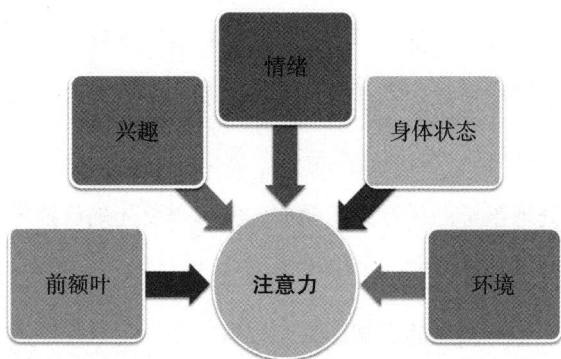

图 7-2　影响注意力的常见因素

前额叶

前额叶的功能如图 7-3 所示。

前额叶的功能

工作记忆

行为决策

注意力调控

抽象规则

计划和策略

问题解决

社交行为

行为抑制

......

前额叶

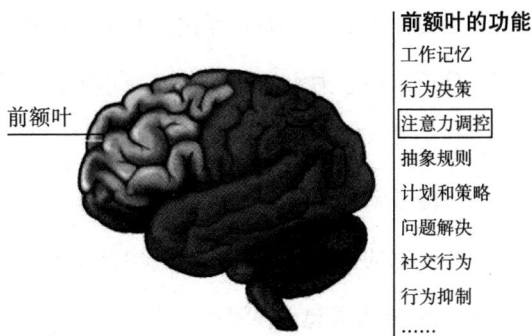

图 7-3 前额叶的功能

本书前面提到过前额叶，它属于理智中心，相当于情绪的"刹车机制"。前额叶不只涉及情绪控制，还承担很多其他功能，与注意力也有非常紧密的联系，是管理注意力的主要脑区。其他影响注意力的因素，基本上也是通过影响前额叶间接影响注意力。

前额叶在人 25 岁左右发育成熟。前额叶的发育程度从生理上限制着孩子的注意力水平，这就意味着即使可以通过训练提高孩子的注意力，孩子的注意力也没法达到成年人水平；即使不进行任何训练，孩子随着年龄增长，注意力水平也会提高。有些注意力训练机构为了盈利，声称"错过训练注意力的关键期，孩子的注意力就会永远存在缺陷"等，这些都是不实说法。

因此，如果父母觉得孩子的注意力有问题，那就需要反思一下，有没有可能不是孩子的注意力有问题，而是自己对他的要求太高了。如果孩子的注意力水平和同龄人差不多，那就不是孩子的问题。

通过适度训练来促进大脑（前额叶）发育，能够在一定程度上提高注意力。我接触的很多注意力训练机构都在采用"脑波反馈训练"。这种训练方式听起来很深奥，原理却很简单，就是"熟能生巧"：通过不断进行与前额叶有关的注意力任务来提高注意力。但这些任务被设计得有趣、巧妙，能够激发孩子的兴趣、好胜心、成就感等，让孩子能够长时间坚持训练，从而产生比较好的效果。

生活中也有很多可以训练孩子注意力的活动，比如下棋、打球，父母的任务重点在于提高孩子的参与兴趣，使孩子乐在其中，愿意投入。

兴趣

觉得孩子注意力水平差的父母，是不是也能发现，孩子在学习时注意力不集中，但在感兴趣的事情上却可以很专注，比如打游戏、看动画片。人都是这样，对于自己感兴趣的事情更能集中注意力。因此，父母要想提高孩子的注意力水平，可以从提升孩子的学习兴趣入手。对于如何提升孩子的学习兴趣，可参照本书中关于厌学的章节。

情绪

父母试着想一想：自己在心烦、生气的时候，是不是很难集中注意力？

负面情绪会抑制主管注意力的前额叶的活动，进而影响注意力。孩子的理性思维本就还未发展成熟，调节情绪的能力比成年人弱很多。如果孩子的负面情绪得不到有效调整，就将难以集中注意力。父母若想让孩子专心，就要让孩子保持良好的心情，减少孩子的负面情绪，具体方法可见本书前面关于应对孩子情绪化的章节。

身体状态

人在疲劳、生病或者无精打采时，肯定很难集中注意力。如果孩子因为生病、没休息好、没精力等情况而无法集中注意力，父母不能过分要求孩子。

现在不少孩子睡眠不足，或者运动量少，身体差，这也提醒了父母，要想提高孩子的注意力，需要先保障孩子有足够的睡眠时间。父母每周都应安排时间陪孩子锻炼身体，运动不仅能提高孩子的身体素质，使孩子精力充沛，也能促进孩子的大

脑发育，进而提高其注意力，表 7-2 是人在不同年龄段所需的
睡眠时间。

表 7-2　不同年龄段所需的睡眠时间

年龄段	适宜睡眠时间
新生儿	20~22 小时
2 月婴儿	18~20 小时
1 岁	15 小时
2 岁	14 小时
3~4 岁	13 小时
5~7 岁	12 小时
8~12 岁	10 小时
13~18 岁	9 小时
成年人	7~8 小时
60~70 岁	5.5~7 小时

环境

如果家里的环境乱糟糟的，或者书桌上的东西放得横七竖
八，或者孩子学习时，父母在一旁看电视、玩手机，试问孩子怎
么能专心学习？有些父母会举一些名人居于闹市仍能坚持学习之
类的例子教育孩子，听起来很有道理，可父母问问自己，自己能
做到吗？父母不能用这类大多数人都做不到的情况来要求孩子。

要想让孩子专心学习，父母应给孩子营造一个更易变得专

心的环境：简洁、安静、干净。在孩子学习时，父母最好做好榜样，自己也能够看书学习，而不是看电视、玩手机；孩子的书桌上除了学习用品，不要放其他多余物品，以免其分心。除此之外，父母还应帮助孩子养成好的学习习惯，比如帮助孩子养成提前准备学习必需品的习惯，以免孩子在学习时因为找东西而分心；孩子学习时，父母也不要总是问东问西，如要不要喝水、吃水果……这将干扰孩子学习。

如何应对没有时间观念的问题

有的父母经常骂孩子："没有一点时间观念。"

是的，孩子天生没有时间观念。

孩子并非一出生就知道"三分钟"是多久，他不知道"快点儿"到底要多快，更不会像成年人一样追求"时间效益最大化"。人的视觉、听觉、嗅觉、味觉等都有相应的感觉器官，这些感觉器官会随着年龄的增长而发展至成熟，可是人却没有天生的感知时间的器官。

时间不像声音、颜色等即使人们不学习也能够感受到。时间是人类世界通过知识文化的传播，定义出来的概念；人们必须通过后天的学习训练才能掌握通用的时间概念。我们要不断学习、体验，才能估计出 1 分钟有多长，10 分钟有多久。即便如此，我们对时间的估计也受到情绪、兴趣等多方面因素的影响。当我们看一部精彩的电影时，会觉得一个半小时很快就过去了；如果电影很无聊，我们就会觉得时间很漫长。这就是兴趣在人们估算时间方面的影响。

孩子时间观念差再正常不过，父母需要培养孩子的时间观念，但也要明白这一过程需要时间，不可能一蹴而就。

接下来，我将介绍一些有效的时间管理方法，父母可以引导孩子学习使用，从而提高孩子学习和写作业的效率。

有效的时间管理方法

番茄时间法

简单来说，番茄时间法就是把孩子学习的时间划分为多个番茄时间。一个番茄时间包含两个部分：25 分钟的学习时间和 5 分钟的休息时间。对于青春期孩子，父母应注意在把这种方法推荐给孩子时，不要直接安排孩子做什么，而要让孩子自己安排，不然很容易引发孩子的逆反心理（见图 7-4）。

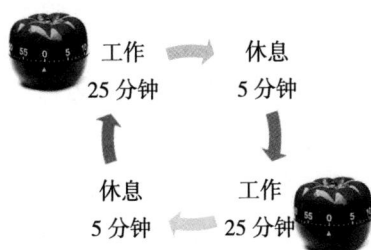

工作 　　 休息
25 分钟 　 5 分钟

休息 　　 工作
5 分钟 　 25 分钟

图 7-4 番茄时间法

在番茄时间法中，最小的时间单元就是一个番茄时间；一个番茄时间不能被再划分，即没有"半个番茄时间"或者"四分之一个番茄时间"。

在写作业前，父母应先让孩子评估一下各科作业的量，看看需要几个番茄时间。然后，父母可以提醒孩子准备好学习用具，设置一个 25 分钟的闹钟，让孩子开始写作业。注意所有的准备工作都要在开始计时前做完。在计时的这 25 分钟，孩子除了写作业不能做任何其他事情。25 分钟结束后，孩子可以休息5 分钟，活动一下，或者去喝水、上厕所，同时为下一个番茄时间做准备。

除了设置闹钟计时，父母也可以买一个 25 分钟漏完的沙漏，沙子一点点往下漏，时间一点点减少，更易让孩子产生紧迫感。孩子会感觉在和时间赛跑，从而集中精力写作业，学习效率更高。

使用番茄时间法的好处如下。

- 集中精力做一件事，训练专注力。孩子在写作业之前，应做好各种准备，准备好笔、橡皮、尺子等学习用具，可以上厕所、喝水……一旦开始做作业，孩子便不能再被其他事打断。

- 学习合理分解任务、合理规划时间。使用番茄时间法，实际上是在将一个大的学习任务分解为几个小的任务，进而一步步完成。比如暑假作业有 60 多页，孩子可以每天抽出两个番茄时间来写，一天写 6 页，10 天就可以全部完成。

- 学会反思。使用番茄时间法一周后，父母可以帮孩子分析使用效果：看看他的时间规划是否合理，任务分解得是否合适；孩子在写作业的过程中有没有被杂事打断；应该采取什么样的方法提高学习效率……这样的反思过程不仅可以提高孩子的时间管理能力，也可以训练孩子应对问题的能力。

四周时间管理训练

四周时间管理训练通常是通过计划表进行的，如表 7-3

所示。

表 7-3　四周时间管理训练计划表

时间	阶段性训练目标	计划和方法
第一周	建立孩子的时间观念（明确）	记录孩子每日的时间和相应活动
第二周	训练孩子写作业的速度（快速）	制定时间表、积分表
第三周	帮助孩子提升作业质量（准确）	对好的行为奖励积分，调整积分表
第四周	提高孩子的学习效率（精细）	制定扣分标准，开始扣分

第一周，父母可以让孩子记录自己每日的活动，使其清楚时间被消耗在什么事情上。通过一周的观察和记录，父母把每天例行完成的任务时间进行累加，然后取平均时间，把这个平均时间作为该项任务的标准时间（父母也可以在平均时间的基础上延长 5 ~ 10 分钟），如表 7-4 所示。

表 7-4　每日各项活动所用时间

任务（举例）	实际时间					标准时间
	周一	周二	周三	周四	周五	
起床、洗漱						
早餐、出门准备						
晚餐						

续表

任务 （举例）	实际时间					标准时间
	周一	周二	周三	周四	周五	
娱乐、休息						
语文作业						
数学作业						
英语作业						
……						
洗漱、上床						

在第二周，父母根据第一周的时间记录计算出每项任务所需的平均时间，并与孩子一起确定标准时间，制定时间表。如果孩子能提前完成任务，节省下来的时间将成为他的"自主时间"——只要没有干扰他人，孩子可以做任何自己喜欢的事，包括发呆、躺着、做一些幼稚行为、走来走去……只要孩子没有违反约定，父母便无权干涉。这种不受父母约束的放松，对孩子而言是一种非常大的奖励，可以推动孩子以此为目标，高效学习。

除此之外，父母还可使用"积分奖励法"，在孩子提前或按时完成作业时给其积分奖励，并约定好积分的兑换机制。

第三周，先分解目标：对困难的学习任务进行分解，将大目标分解成小目标。当孩子觉得作业任务多且难，不愿意动笔时，责骂他一点用都没有，找对方法才是正道。万事开头难，父母应帮助孩子把整体学习任务分解成令孩子愿意行动的小目标，让孩子有信心、有力量迈出第一步，这才是促进孩子完成作业的有效方法。

分解学习任务时父母也可以采用积分奖励法。关于能获得多少积分，父母一定要与孩子商量出一个双方都能接受的结果。对于孩子将要完成的任务，父母可以先给予积分，若没有完成再扣除积分。这种"先给予"表明了父母对孩子的信任，会对孩子产生很大的激励作用，也有助于培养孩子的自制力和责任感。

在第四周，首先，父母要对任务的难易程度进行分类，并调整积分规则。可以参考"三分之一法则"：孩子完成一项简单任务可以得到 1 ~ 3 分；完成难度中等的任务可以得到 3 ~ 5 分；完成复杂的任务可以得到 5 ~ 10 分。其次，加入对不良行为进行扣分的惩罚，增强孩子的责任感。

"四周时间管理训练"是比较细致的训练孩子时间观念的方法，有些青春期孩子对此可能会厌烦。如果遇到这种情况，父母不要强求孩子，不要因为试图帮助孩子提高时间观念而破坏了亲子关系，因小失大。

　　父母需要谨记，在教育青春期孩子时，向孩子传递"这只是我们的建议，你有选择是否接受的自由"的态度，避免让孩子感觉父母在命令、要求他们，这样教育效果将更好。

| 结语 |

青春期的孩子不容易，他们要应付学业压力，还要处理同伴关系、师生关系、亲子关系等各种关系。

青春期孩子的父母也不容易，如今，他们面临各种现实压力、心理压力。

对于孩子的教育问题，很多人错误的认为它是"孩子的问题"或是"父母的问题"，认为要改变孩子或者改变父母。这种简单的"二分法"，不仅无利于教育，反而把父母推到孩子的对立面，加深亲子矛盾。

父母和孩子从来不是敌人，而是盟友；父母和孩子都不是"问题"，孩子的问题行为才是问题。想要开展有效的家庭教育，必定需要父母和孩子建立良好的亲子关系，站在"统一战线"。俗话说"家和万事兴"，家庭教育也一样，亲子关系好了，教育才更容易。

本书内容的核心为帮助父母与青春期孩子建立良好的亲子关系，希望本书能够帮到家有青春期孩子的家庭，助力孩子健康成长，父母更加省心。